원각경 · 승만경

불교경전

❻

원각경 · 승만경
(圓覺經 · 勝鬘經)

본래성불 / 원각경 · 전해주 譯

여래의 길 / 승만경 · 김호성 譯

민족사

차 례

원 각 경

전해주 譯

일러두기

1. 본 민족사판 《원각경》은 당(唐)대의 계빈국 삼장 불타다라(佛陀多羅)가 번역한 《대방광원각수다라요의경(大方廣圓覺修多羅了義經)》을 저본으로 하였다.
2. 번역은 쉽게 이해할 수 있도록 가능한 풀어썼으며 필요하다고 생각되는 한자는 ( ) 안에 표기하였다. 의역을 한 경우는 〔 〕로 묶었다.
3. 독자들의 편의를 위해 간단한 역주와 해설을 수록하였다.
4. 한역 원각경(고려대장경을 저본으로 한 신수대장경에 의거함)을 현대어로 현토하여 첨부하였다.

원 각 경

차 례

서 분

여래의 법회에 함께하다

이와 같이 내가 들었다.[1]

한때 바가바(婆伽婆, 부처님)[2]께서 신통대광명장(神通大光明藏)[3]에 드시어 삼매[4]로 바로 수용하시니, 일체 여래의 빛나고 장엄하게 머무시는 자리며, 모든 중생들의 청정한 깨달음의 자리며, 몸과 마음이 적멸하여 평등한 근본자리[5]이다. 시방에 원만하여 불이(不二)[6]를 수순하시며, 불이의 경계에서 모든 정토를 나투시어[7] 대보살마하살[8] 십만 인과 함께하시었다.

그 이름은 문수사리보살·보현보살·보안보살·금강장보살·미륵보살·청정혜보살·위덕자재보살·변음보살·정제업장보살·보각보살·원각보살·현선수보살로서, 그들[9]이 으뜸이 되어 여러 권속들과 함께 삼매에 들어가 여래의 평등한 법회에 함께하였다.

제1. 문수보살장

부처님의 수행법〔如來因地法行〕

이때 문수사리보살[10]이 대중 가운데 있다가 곧 자리에서 일어나 부처님 발에 엎드려 절하며 오른쪽으로 세 번 돌고 두 무릎을 꿇고[11] 합장[12]하고서 부처님께 말씀드렸다.

"대비하신 세존(世尊)[13]이시여, 원하옵니다. 이 법회에 온 모든 대중을 위하여 여래[14]께서 본래 일으키신 청정한 인지법행(因地法行)[15]을 말씀해 주소서. 그리고 보살들이 대승(大乘)[16]에 청정한 마음을 일으켜 모든 병을 멀리 여읨을 설하시어, 미래의 말세 중생으로서 대승을 구하는 이들로 하여금 사견(邪見)에 떨어지지 않게 해주소서."

이렇게 말씀드리고 오체를 땅에 대어 절하며〔五體投地〕[17] 이같이 세 번 거듭 청하였다.

그때 세존께서 문수사리보살에게 말씀하셨다.

"선재선재로다, 선남자(善男子)[18]여. 그대가 능히 모든 보살들을 위하여 여래의 인지법행을 물으며, 또 말세의 일체 중생들 가운데 대승을 구하는 이들을 위하여 바르게 주지(住持)함을 얻어서 사견에 떨어지지 않게 하니 그대는 이제 자세히 들으라, 마땅히 그대를 위하여 설하리라."

그때 문수사리보살이 가르침을 받들어 기뻐하며 모든 대중들과 함께 조용히 들었다.

"선남자여, 위없는 법왕〔無上法王〕[19]이 대다라니문(大多羅尼門)[20]이 있으니 원각(圓覺)이라 한다. 일체 청정한 진여(眞如)와 보리(菩提)와 열반(涅槃)과 바라밀(波羅蜜)[21]을 흘려내어 보살을 가르쳐 주시나니, 일체 여래께서 본래 일으키신 인지(因地)에서 청정각상(淸淨覺相)을 원만히 비춤에 의하여 영원히 무명을 끊고 바야흐로 불도를 이루셨느니라.

어떤 것이 무명(無明)인가. 선남자여, 일체 중생이 비롯함이 없는 옛부터 갖가지로 뒤바뀐 것이 마치 어리석은 사람이 사방을 장소를 바꾼 것과 같아서, 사대(四大)[22]를 잘못 알아 자기의 몸이라 하며, 육진(六塵)[23]의 그림자를 자기의 마음이라 한다. 비유하면 병든 눈이 허공꽃〔空花〕이나 제이의 달〔第二月〕을 보는 것과 같다. 선남자여, 허공에는 실제로 꽃이 없는데 병든 자가 망령되이 집착하나니, 허망한 집착 때문에 허공의 자성을 미혹할 뿐 아니라, 또한 실제의 꽃이 나는 곳도 미혹하느니라. 이런 까닭에 허망하게 생사에 헤매임이 있으니 그러므로 무명이라 하느니라.

선남자여, 이 무명이란 것은 실제로 체(體)가 있는 것이 아니다. 마치 꿈 속의 사람이 꿈꿀 때는 없지 아니하나 꿈을 깨고 나서는 마침내 얻을 바가 없는 것과 같으며, 뭇 허공꽃이 허공에서 사라지나 일정하게 사라진 곳이 있다고 말하지 못함과 같다. 왜냐하면 난 곳이 없기 때문이다. 일체 중생이 남이 없는 가운데서 허망하게 생멸(生滅)을 보니, 그러므로 생사에 헤맨다고 이름하느니라.

선남자여, 여래의 인지에서 원각을 닦는 이가 이것이 공화인 줄 알면 곧 윤전(輪轉)[24]이 없을 것이며, 또한 몸과 마음이 생사를 받음도 없으리니, 짓는 까닭에 없는 것이 아니라 본성이 없기 때문이니라. 지각(知覺)하는 것도 허공과 같으며, 허공인 줄 아는 것도 곧 허공꽃의 모양이로되, 또한 지각하는 성품이 없다고도 말할 수 없으니, 있고 없음을 함께 보내면 이를 곧 정각(正覺)에 수순한다고 이름하느니라. 무슨 까닭인가. 허공의 성품이기 때문이며, 항상 요동(動)하지 않기 때문이며, 여래장(如來藏)[25] 중에 일어나고 멸함이 없기 때문이며, 지견이 없기 때문이며, 법계의 성품이 구경에 원만하여 시방에 두루한 것과 같기 때문이니, 이것을 인지법행(因地法行)이라 하느니라.

보살이 이에 의하여 대승 가운데 청정한 마음을 일으키나니, 말세 중생이 이를 의지하여 수행하면 사견에 떨어지지 아니하리라."

그때 세존께서 거듭 이 뜻을 펴시고자 게송을 설하여 말씀하셨다.

문수여, 그대는 마땅히 알아라.
일체 모든 여래께서
본래의 인지(因地)로부터
다 지혜의 깨달음으로써
무명을 요달하셨느니라.

그것이 허공꽃인 줄 알면
곧 능히 유전을 면할 것이며,
또 꿈 속의 사람을
깰 때에 얻을 수 없음과 같느니라.

깨달음이 허공과 같아서
평등하여 움직여 구르지 않으니
깨달음이 시방계에 두루하면
곧 불도(佛道)를 얻으리라.

뭇 환(幻)이 멸하여도 처소가 없으며
도를 이룸도 또한 얻음이 없으니
본성이 원만한 때문이니라.

보살이 이 가운데서
능히 보리심을 일으키나니
말세 모든 중생들도
이를 닦으면 사견을 면하리라.

제2. 보현보살장

수행의 실제

그때 보현보살(普賢菩薩)[26]이 대중 가운데 있다가 곧 자리에서 일어나 부처님 발에 정례하며 오른쪽으로 세 번 돌고 두 무릎을 꿇고 합장하고서 부처님께 말씀드렸다.

"대비하신 세존이시여, 원하옵니다. 이 모임의 여러 보살들을 위하시며, 또 말세의 모든 중생들로서 대승을 닦는 이들을 위하소서. 이 원각의 청정한 경계를 듣고 어떻게 수행하여야 합니까.

세존이시여, 만일 저 중생이 환(幻)과 같은 줄 아는 자이면 몸과 마음도 또한 환이거늘 어떻게 환으로써 환을 닦습니까. 만일 모든 환성(幻性)이 일체가 다 멸했다면 곧 마음이 없으니 누가 수행함이 되며, 어찌하여 또 수행함이 환과 같다고 하겠습니까. 만일 중생들이 본래 수행하지 않는다면 생사 가운데 항상 환화(幻化)에 머물러 있어 일찍이 환같은 경계를 요지(了知)하지 못하리니, 망상심으로 하여금 어떻게 해탈케 하겠습니까.

원하오니, 말세의 일체 중생들을 위하소서. 무슨 방편을 지어서 점차 닦아 익혀야 중생들로 하여금 온갖 환을 영원히 여의게 하겠습니까."

이렇게 말씀드리고 오체를 땅에 대어 절하며, 이같이 세 번 거듭 청하였다.

이때 세존께서 보현보살에게 말씀하셨다.

"선재선재로다, 선남자여. 그대들이 능히 모든 보살과 말세 중생들을 위하여 보살의 환같은 삼매를 닦아 익힐 방편과 점차를 물어서 중생들로 하여금 모든 환을 여의게 하는구나. 그대는 이제 자세히 들으라. 마땅히 그대를 위하여 설하리라."

그때 보현보살이 가르침을 받들어 기뻐하며 대중들과 함께 조용히 들었다.

"선남자여, 일체 중생의 갖가지 환화가 모두 여래의 원각묘심(圓覺妙心)에서 남이, 마치 허공꽃이 허공에서 생긴 것과 같다. 환화는 멸할지라도 허공의 본성은 멸하지 않나니, 중생의 환(幻)과 같은 마음도 환에 의해 사라지나 모든 환이 다 사라졌다 하더라도 본각(本覺)[27]의 마음은 움직이지 않느니라.

환에 의해 각(覺)을 말함도 또한 환이며, 만일 각이

있다고 말할지라도 오히려 아직 환을 여의지 못한 것이며, 각이 없다고 말하는 것도 또한 그러하다. 이 까닭에 환이 멸함을 이름하여 부동(不動)이라 하느니라.

선남자여, 일체 보살과 말세 중생들이 응당 일체 환화인 허망한 경계를 멀리 여의어야 하나니, 멀리 여의려는 마음을 굳게 집착하는 까닭에 마음이 환같은 것도 또한 멀리 여의며, 멀리 여읜 것이 환이 된 것도 또한 멀리 여의며, 멀리 여읨을 여의었다는 환까지도 또한 멀리 여의어서, 더 여읠 것이 없게 되면 곧 모든 환을 제(除)하리라. 비유하면 불을 피울 때 나무를 서로 비벼 불이 붙어 나무가 타서 없어지면 재는 날아가고 연기까지 모두 사라지는 것과 같다. 환으로써 환을 닦는 것도 이와 같아서 모든 환이 비록 다하나 단멸에 들지 않느니라. 선남자여, 환인줄 알면 곧 여읜지라 방편을 짓지 아니하고, 환을 여의면 곧 깨달음이라 점차도 없느니라. 일체 보살과 말세의 중생들이 이에 의해 수행할지니, 그리하여야 모든 환을 영원히 여의리라."

그때 세존께서 이 뜻을 거듭 펴시기 위하여 게송으로 말씀하셨다.

보현아, 그대는 마땅히 알아라.
일체 중생들의
비롯함이 없는 환의 무명이

다 모든 여래의
원각심에서 생겼느니라.
마치 허공꽃이
허공에 의해 모양이 있다가
허공꽃이 만일 사라져도
허공은 본래로 요동치 않음과 같아서
환이 원각에서 생겨났다가
환이 멸하면 각이 원만하나니
본각의 마음은 요동치 않는 까닭이니라.

만일 모든 보살과 말세 중생이
항상 응당 환을 멀리 여의면
모든 환을 다 여의리니
나무에서 불이 일어남에
나무가 다하면
불도 멸함과 같으니라.
깨달음은 점차가 없으며
방편도 또한 그러하니라.

제3. 보안보살장

수행의 방편

이때 보안보살(普眼菩薩)이 대중 가운데 있다가 곧 자리에서 일어나 부처님의 발에 정례하며 오른쪽으로 세 번 돌고 두 무릎을 꿇고 합장하고서 부처님께 말씀 드렸다.

"대비하신 세존이시여, 원하옵니다. 이 법회의 모든 보살들을 위하며 말세의 일체 중생들을 위하여 보살이 수행하는 점차를 말씀해 주소서. 어떻게 생각[思惟]하며 어떻게 머물러야[住持] 합니까. 중생들이 깨닫지 못하면 무슨 방편을 써야만 널리 깨닫게 할 수 있습니까? 세존이시여, 만일 중생들이 바른 방편과 바른 생각이 없으면 부처님께서 삼매에 대해 설하시는 것을 들고서도 마음이 미혹하고 어지러워 곧바로 원각에 깨달아 들어가지 못할 것입니다. 원하오니, 자비를 베푸시어 저희들과 말세 중생들을 위하여 방편을 말씀해 주소서."

이 말씀을 마치고 오체투지하며, 이와 같이 세 번 거듭 청하였다.

그때 세존께서 보안보살에게 말씀하셨다.

"선재선재로다, 선남자여. 그대들이 모든 보살과 말세 중생들을 위하여 여래에게 수행하는 점차와 사유와 주지와 갖가지 방편 설함을 물었으니, 그대는 이제 자세히 들으라. 그대를 위하여 설해주리라."

이때 보안보살이 가르침을 받들고 기뻐하면서 대중들과 함께 조용히 들었다.

"선남자여, 새로 배우는 보살과 말세 중생이 여래의 청정한 원각의 마음을 구하고자 한다면 응당 바른 생각으로 모든 환을 멀리 여의어야 되느니라. 먼저 여래의 사마타(奢摩他)[28]행에 의하여 금계(禁戒)를 굳게 지니고, 대중에 편안히 거처하거나, 조용한 방에 단정히 앉아서 항상 이 생각을 하라. 나의 지금 이 몸은 사대(四大)로 화합된 것이다. 이른바 머리카락·털·손발톱·치아·가죽·살·힘줄·뼈·골수·골·더러운 몸뚱이는 모두 흙[地]으로 돌아가고, 침·콧물·고름·피·진액·점액·가래·눈물·정기(精氣)·대소변은 다 물[水]로 돌아가고, 따뜻한 기운은 불[火]로 돌아가고, 움직이는 작용은 바람[風]으로 돌아간다. 사대가 각각 분리되면 지금의 허망한 몸은 어디에 있겠는가. 곧 알라.

이 몸이 필경 실체가 없거늘 화합해서 형상이 이루어진 것이 진실로 환이나 허깨비와 같도다.

네 가지 인연〔四緣〕[29]이 임시 화합해서 망령되이 육근(六根)[30]이 있으니, 육근과 사대가 안팎으로 합쳐 이루거늘 허망하게도 인연기운〔緣氣〕[31]이 그 가운데 쌓여서 인연의 모습이 있는 듯하게 되니 가명으로 마음이라 하느니라.

선남자여, 이 허망한 마음은 만일 육진(六塵)이 없으면 있을 수 없으며, 사대가 분해되면 티끌〔塵〕도 얻을 수 없으니, 그 가운데 인연과 티끌이 각각 흩어져 없어지면 마침내 반연하는 마음도 볼 수 없게 되느니라.

선남자여, 중생이 환의 몸이 멸하기 때문에 환의 마음도 멸하며, 환의 마음이 멸하기 때문에 환의 티끌도 멸하며, 환의 티끌이 멸하기 때문에 환의 멸함도 멸하며, 환의 멸함이 멸하기 때문에 환 아닌 것은 멸하지 않느니라. 비유하면 거울을 닦음에 때가 다하면 밝음이 나타나는 것과 같느니라. 선남자여, 마땅히 알라. 몸과 마음이 다 환의 때이니, 때의 모습이 영원히 사라지면 시방이 청정하리라.

선남자여, 비유하면 청정한 마니 보배구슬이 오색에 비치어서 방향을 따라 각각 달리 나타나면 어리석은 이들은 그 마니 구슬에 실제로 오색이 있다고 보는 것과 같느니라. 선남자여, 원각의 청정한 성품이 몸과 마음을

나타내어 부류에 따라 각각 응하면 어리석은 이들은 청
정한 원각에 실제로 그와 같은 몸과 마음의 제 모습[自
相]이 있다고 함도 또한 그러하다. 이 까닭에 환화를
멀리 여의지 못하나니, 그러므로 나는 말하기를 몸과
마음이 환의 때라 하노라. 환의 때를 여읜 이에 대하여
보살이라 이름하니, 때가 다하고 대(對)가 없어지면 곧
대(對)와 때[垢], 그리고 이름을 붙이는 이도 없느니라.

　선남자여, 이 보살과 말세 중생들이 온갖 환을 증득
하여 영상을 멸하면 그때에 문득 끝없는 청정을 얻으리
라. 끝없는 허공이 깨달음[覺]에서 나타난 바이니라. 깨
달음이 두렷하고 밝은 까닭에 마음의 청정함을 드러내
고, 마음이 청정한 까닭에 보는 티끌[見塵]이 청정하고,
보는 것이 청정한 까닭에 안근(眼根)이 청정하고, 근이
청정한 까닭에 안식(眼識)이 청정하고, 식이 청정한 까
닭에 듣는 티끌[聞塵]이 청정하고, 듣는 것이 청정한 까
닭에 이근(耳根)이 청정하고, 근이 청정한 까닭에 이식
(耳識)이 청정하고, 식이 청정한 까닭에 느끼는 티끌[覺
塵]이 청정하다. 이와 같이 내지 비(鼻)·설(舌)·신
(身)·의(意)도 또한 그러하니라.

　선남자여, 근(根)이 청정한 까닭에 빛[色塵]이 청정하
고, 빛이 청정한 까닭에 소리[聲塵]가 청정하며, 냄새
[香]·맛[味]·닿음[觸]·법(法)도 그러하니라. 선남자
여, 육진이 청정한 까닭에 지대(地大)가 청정하고, 지대

가 청정한 까닭에 수대(水大)가 청정하며, 화대(火大)·
풍대(風大)도 또한 그러하니라.

선남자여, 사대(四大)가 청정한 까닭에 십이처(十二
處)[32]·십팔계(十八界)[33]·이십오유(二十五有)[34]가 청정
하고, 그들이 청정한 까닭에 십력(十力)[35]·사무소외(四
無所畏)[36]·사무애지(四無碍智)[37]·불십팔불공법(佛十八
佛工法)[38]·삼십칠조도품(三十七助道品)[39]이 청정하다.
이와 같이 내지 팔만사천 다라니문이 일체가 청정하느
니라. 선남자여, 일체 실상의 성품이 청정한 까닭에 한
몸이 청정하고, 한 몸이 청정한 까닭에 여러 몸이 청정
하고, 여러 몸이 청정한 까닭에 이같이 내지 시방 중생
들의 원각도 청정하느니라. 선남자여, 한 세계가 청정한
까닭에 여러 세계가 청정하고 여러 세계가 청정한 까닭
에 또한 허공을 다하며, 삼세를 두렷이 싸서 일체가 평
등하여 청정하고 요동치 않느니라.

선남자여, 허공이 이와 같이 평등하여 요동치 않으므
로 깨달음의 성품도 평등하여 요동치 않는 줄 알며, 사
대가 요동치 않으므로 깨달음의 성품도 평등하여 요동
치 않는 줄 알며, 이와 같이 팔만사천 다라니문이 평등
하여 요동치 않으므로 깨달음의 성품도 평등하여 요동
치 않는 줄 알지니라.

선남자여, 깨달음의 성품이 두루 원만하여 청정하고
요동치 아니하여 두렷함이 끝이 없으므로 마땅히 육근

이 법계에 변만한 줄 알며, 근(根)이 변만하므로 육진이 법계에 변만한 줄 알며, 진(塵)이 변만하므로 사대가 법계에 변만한 줄 알며, 이와 같이 내지 다라니문이 법계에 두루 변만한 줄 알지니라. 선남자여, 저 묘한 깨달음의 성품이 변만한 까닭에 근의 성품과 진의 성품이 무너짐도 없고 섞임도 없으며, 근과 진이 무너짐이 없는 까닭에 이같이 내지 다라니문이 무너짐도 없고 섞임도 없느니라. 마치 백·천 개의 등불의 빛이 한 방에 비치면 그 빛이 변만하여 무너짐도 없고 섞임도 없는 것과 같느니라.

선남자여, 깨달음이 성취된 까닭에 마땅히 알라. 보살이 법의 속박을 싫어하지 않으며, 법의 해탈을 구하지 않으며, 생사를 싫어하지 않으며, 열반을 좋아하지 않으며, 지계하는 이를 공경하지 않으며, 금계 범한 이를 미워하지 않으며, 오래 수행한 이를 소중히 여기지 않으며, 처음 배우는 이를 가벼이 여기지도 않느니라. 무슨 까닭인가. 일체가 깨달음이기 때문이니라.

비유하면 안광(眼光)이 눈앞의 경계를 볼 때에 그 빛이 원만하여 미워할 것도 좋아할 것도 없으니, 무슨 까닭인가. 빛의 체는 둘이 아니어서 미워하고 좋아할 것이 없기 때문이니라.

선남자여, 이 보살과 말세 중생으로서 이 마음을 닦아 익히어 성취한 자는, 이에 닦음도 없고 성취함도 없느니라. 원각이 널리 비추어 적멸이 둘이 없으니 그 가운데에 백천만억 불가설 아승지(阿僧祗)[40] 항하사(恒河沙)[41]의 모든 부처님 세계가, 마치 허공꽃이 어지러이 피었다가 어지러이 멸하는 것과 같아서 즉함도 아니고 여읨도 아니며 속박도 아니고 해탈도 아니다. 비로소 알라. 중생이 본래성불(本來成佛)[42]이며 생사와 열반이 지난 밤의 꿈과 같다. 선남자여, 지난 밤 꿈과 같으므로, 마땅히 알라, 생사와 열반이 일어남도 없고 멸함도 없으며 옴도 없고 감도 없다. 그 증득할 바를 얻음도 없고 잃음도 없으며 취함도 없고 버림도 없다. 그 능히 증득하는 이도 맡김〔任〕도 없고 그침〔止〕도 없고 지음〔作〕도 없고 멸함〔滅〕도 없다. 이러한 증득 가운데에 능(能)도 없고 소(所)도 없으며 필경에는 증득함도 없고 증득하는 이도 없어서 일체 법의 성품이 평등하여 무너지지 않느니라.

선남자여, 보살들이 이와 같이 수행하며, 점차로 하며, 사유하며, 주지하며, 방편을 쓰고, 깨달아야 하니, 이와 같은 법을 구하면 또한 답답하지 않으리라."

그때에 세존께서 이 뜻을 거듭 펴시고자 게송으로 말씀하셨다.

보안아, 그대는 마땅히 알아라.
일체 중생들의

몸과 마음이 다 환과 같아서
몸의 모습은 사대에 속하고
마음의 성품은 육진으로 돌아가나니
사대의 체가 각각 여의면
무엇이 화합한 자가 되리오.

이와 같이 점차 수행하면
일체가 모두 청정해져서
요동치 않고 법계에 변만하여
지음도 그침도 맡김도 멸함도 없고
능히 증득하는 이도 없으리라.

모든 부처님 세계들이
마치 허공꽃과 같아서
삼세가 다 평등하여
필경에 오고 감이 없느니라.

처음 발심한 보살과
말세의 중생들이
불도에 들기를 구하고자 하면
마땅히 이같이 닦아 익힐지니라.

제4. 금강장보살장

미혹의 본질

그때 금강장보살(金剛藏菩薩)이 대중 가운데 있다가 곧 자리에서 일어나 부처님 발에 정례하고, 오른쪽으로 세 번 돌고 두 무릎을 꿇고 합장하고서 부처님께 말씀드렸다.

"대비하신 세존께서 모든 보살들을 위하여 여래 원각의 청정한 대다라니의 인지법행과 점차 방편을 선양하시어 모든 중생들의 몽매함을 개발케 해주시니, 모임에 온 법회 대중들은 부처님의 자비로운 가르침을 입고 환의 가리움이 밝아져서 지혜의 눈이 청정해졌습니다.

세존이시여, 만약 중생들이 본래성불이라면 어찌하여 다시 온갖 무명이 있습니까? 만약 모든 무명이 중생에게 본래 있다면 무슨 인연으로 여래께서는 다시 본래성불이라고 말씀하십니까? 시방의 다른 중생들이 본래 불도를 이루고 후에 무명을 일으킨다면, 일체 여래께서는 어느 때에 다시 일체 번뇌를 내시게 됩니까?

오직 원하오니 막힘이 없는 대자(無遮大慈)를 버리지 마시고 모든 보살들을 위하여 비밀장을 열어 주시며, 말세 일체 중생들을 위하여 이와 같은 수다라교의 요의(了義) 법문을 듣고 영원히 의심을 끊게 해주소서."

이렇게 말하고는 오체투지하고 이와 같이 세 번 거듭 청하였다.

그때 세존께서 금강장보살에게 말씀하셨다.

"선재선재라, 선남자여. 그대들이 능히 모든 보살들과 말세 중생들을 위해서 여래에게 깊고깊으며 비밀스러운 구경방편을 묻는구나. 이는 모든 보살들의 최상의 가르침인 요의 대승인지라, 능히 시방세계의 수학(修學)하는 보살과 모든 말세 일체 중생들로 하여금 결정한 믿음(決定信)을 얻어서 길이 의심을 끊게 하니, 그대는 이제 자세히 들어라. 마땅히 그대를 위하여 설하리라."

이에 금강장보살이 가르침을 받들어 기뻐하면서 모든 대중들과 조용히 들었다.

"선남자여, 모든 세계의 시작하고 마치고 생기고 멸하고 앞서고 뒤지고 있고 없고 모이고 흩어지고 일어나고 그침이 생각 생각 상속하여 순환 왕복함에 갖가지로 집착하고 버리는 것이 다 윤회이니라. 윤회에서 벗어나지 않고 원각을 변별하면 그 원각성(圓覺性)이 곧 한가지로 유전하리니, 만약 윤회를 면한다면 옳지 못하리라.

비유하면 움직이는 눈이 능히 잔잔한 물을 요동시키는 것과 같으며, 또 움직이지 아니하는 눈이 회전하는 불을 따라서 도는 것과 같다. 구름이 지나감에 달이 움직이는 것과, 배가 지나감에 언덕이 움직이는 것도 또한 이와 같느니라.

선남자여, 모든 움직이는 것이 쉬지 아니함에 저 물건이 먼저 머문다는 것도 오히려 얻지 못하거늘, 어찌 하물며 생사에 윤전하는 때 묻은 마음이 일찍이 청정하지 아니하고 부처님 원각을 관함에 뒤바뀌지 아니하겠는가. 이런 까닭에 그대들이 다시 세 가지 미혹(三惑)[43]을 일으키느니라.

선남자여, 비유하면 환의 가림으로 망령되이 허공꽃을 보았다가 환의 가림이 만약 없어지면, 이 환의 가림이 이미 멸했으니 어느 때에 다시 일체 모든 환의 가림을 일으키는가라고 말하지 말라. 무슨 까닭인가? 환의 가림과 허공꽃 두 가지가 상대가 아니기 때문이다. 또 허공꽃이 허공에서 멸할 때에 허공이 어느 때에 다시 허공꽃을 일으키는가라고 말하지 말라. 무슨 까닭인가? 허공에는 본래 꽃이 없어서 일어나고 멸하지 않기 때문이다. 생사와 열반은 한가지로 일어나고 멸하거니와, 묘각이 두렷이 비춤에는 꽃도 가림도 여의느니라.

선남자여, 마땅히 알라. 허공이 잠시도 있는 것이 아니며 또한 잠시도 없는 것이 아니거늘, 하물며 다시 여래의 원각이 수순해서 허공의 평등한 본성이 됨이겠는가.

선남자여, 금광석을 녹임에 금은 녹여서 있는 것이 아니며 이미 금을 이루고 나면 다시 광석이 되지 아니한다. 끝없는 시간이 지나도록 금의 성품은 무너지지 않으니, 마땅히 본래 성취된 것이 아니라고 말하지 말라. 부처님의 원각도 또한 다시 이와 같느니라.

선남자여, 일체 여래의 묘한 원각의 마음은 본래 보리와 열반이 없으며, 또한 성불과 성불하지 못함이 없으며, 망령된 윤회와 윤회가 아닌 것도 없느니라.

선남자여, 단지 모든 성문들이 원만히 한 경계도 몸과 마음과 말이 다 끊어져서 마침내 저가 친히 증득하여 나타난 열반에 이르지 못하거늘, 어찌 하물며 능히 사유하는 마음으로 여래의 원각경계를 헤아릴 수 있겠는가? 마치 반딧불로써 수미산을 태움에 마침내 그럴 수 없는 것과 같이, 윤회하는 마음으로써 윤회의 견해를 내어 여래의 대적멸 바다에 들어간다면 마침내 능히 이르지 못하느니라. 이런 까닭에 내가 설하기를, '일체 보살들과 말세 중생들이 먼저 비롯함이 없는 윤회의 근본을 끊으라'고 하느니라.

선남자여, 지음이 있는 사유는 유위의 마음〔有心〕에

서 일어나는 것이니 다 육진의 망상 인연 기운이요, 실제 마음의 체는 아니다. 이미 허공꽃과 같으니 이러한 사유를 사용해서 부처님 경계를 분별한다면, 마치 허공꽃에다 다시 허공과일을 맺는 것과 같아서 망상만 점점 더해질 뿐이니, 옳지 못하니라.

선남자여, 허망하고 들뜬 마음이 공교한 견해가 많아서 능히 원각방편을 성취하지 못하니 이와 같은 분별은 바른 물음이 아니니라."

그때 세존께서 거듭 이 뜻을 펴시고자 게송을 설해 말씀하셨다.

금강장이여, 마땅히 알아라.
여래의 적멸한 성품은
마치고 시작함이 일찍이 있지 아니하니
만약 윤회하는 마음으로
사유한다면 곧 뒤바뀌어서
다만 윤회하는 경계에 이를 뿐이요
능히 부처님의 바다에는 들지 못하느니라.

비유하면 금광을 녹임에
금은 녹인 까닭에 있는 것이 아니며
비록 본래 금이나
마침내 녹임으로써 이루어지니라.

한 번 진금의 체를 이루면
다시는 거듭 광석이 되지 않느니라.

생사와 열반과
범부와 모든 부처님께서
한가지로 공화상(空花相)이라.
사유도 오히려 환화이거늘
어찌 하물며 허망함을 힐난하리오.
만약 능히 이 마음을 요달하면
그런 후에야 원각을 구하리라.

제5. 미륵보살장

윤회의 본질

그때에 미륵보살(彌勒菩薩)이 대중 가운데 있다가 곧 자리에서 일어나 부처님 발에 정례하며 오른쪽으로 세 번 돌고 무릎을 꿇고 합장하고서 부처님께 말씀드렸다.

"대비하신 세존께서 널리 보살들을 위하여 비밀장을 여시어 대중들로 하여금 깊이 윤회를 깨닫고 잘못되고 바른 것을 분별하게 하시어 능히 말세 모든 중생들에게 두려움 없는 도안(道眼)을 베푸시어 대열반에 결정신을 내어서 다시는 거듭 윤회의 경계를 따라 순환하는 견해를 일으킴이 없게 하셨나이다.

세존이시여, 만약 보살들과 말세 중생들이 여래의 대적멸 바다에 노닐고자 한다면 어떻게 마땅히 윤회의 근본을 끊으며, 저 윤회에 몇 가지 종성(種性)이 있으며, 부처님 보리를 닦는데 몇 가지 차별이 있으며, 진로(塵

勞)에 돌이켜 들어감에 마땅히 몇 종류의 교화방편을 베풀어 모든 중생을 제도해야 합니까?

오직 원하옵니다. 세상을 구제하시는 대비를 버리지 마시고 모든 수행하는 일체 보살들과 말세 중생들로 하여금 지혜의 눈이 맑고 깨끗해져서 마음 거울을 밝게 비추어 여래의 위없는 지견을 두렷이 깨닫게 하소서."

이렇게 말하고는 오체투지하고 세 번 거듭 청하였다.

그때 세존께서 미륵보살에게 말씀하셨다.

"선재선재라, 선남자여. 그대들이 능히 모든 보살들과 말세 중생들을 위해서 여래에게 깊고 오묘하며 비밀스럽고 미묘한 뜻을 물어서 보살들로 하여금 지혜의 눈을 맑게 하며, 일체 말세 중생들로 하여금 영원히 윤회를 끊고 마음으로 실상을 깨달아서 무생인(無生忍)⁴⁴⁾을 갖추게 하니, 그대는 이제 자세히 들어라. 마땅히 그대를 위하여 설하리라."

이에 미륵보살이 가르침을 받들어 기뻐하며 모든 대중들과 조용히 들었다.

"선남자여. 모든 중생들이 옛부터 여러 가지 은애(恩愛)와 탐욕이 있는 까닭에 윤회가 있느니라. 만약 모든 세계의 일체 종성인 난생(卵生)⁴⁵⁾ · 태생(胎生)⁴⁶⁾ · 습생(濕生)⁴⁷⁾ · 화생(化生)⁴⁸⁾이 다 음욕을 인해서 성명(性命)을 세운다면 마땅히 알라, 윤회는 애욕〔愛〕이 근본이 되느니라.

온갖 탐욕〔欲〕이 있어서 갈애(渴愛)의 성품이 일어나
도록 돕나니, 이런 까닭에 능히 생사가 상속케 한다. 탐
욕은 갈애를 인하여 생하고 목숨〔命〕은 탐욕을 인하여
있는지라, 중생들이 목숨을 사랑하는 것이 도리어 탐욕
의 근본에 의지함이니 애욕은 원인이요 목숨을 사랑함
은 결과이다. 탐욕의 경계를 말미암아 모든 어기고 따
름〔違順〕을 일으킨다. 경계가 사랑하는 마음에 위배되
면 미워하고 질투함을 내어서 갖가지 업을 지어 다시
지옥·아귀에 떨어진다. 탐욕이 싫어해야 될 것인 줄
알고 업을 싫어하는 도를 사랑하여, 악을 버리고 선을
즐겨하면 다시 하늘이나 인간에 나타난다. 또한 모든
애욕이 싫어하고 미워해야 될 것인 줄 아는 까닭에 애
욕을 버리고 버리는 법〔捨〕을 즐겨도 도리어 애욕의 근
본을 도와서 문득 유위의 증상선과(增上善果)를 나투나
니 모두 윤회하는 까닭에 성스러운 도(道)를 이루지 못
한다. 그러므로 중생이 생사를 벗어나고 모든 윤회를
면하고자 한다면, 먼저 탐욕을 끊고 갈애(渴愛)를 없애
야 하느니라.

선남자여, 보살이 변화하여 세간에 시현(示現)하는
것은 애욕이 근본이 됨이 아니다. 단지 자비로써 그로
하여금 애욕을 버리게 하려고 온갖 탐욕을 빌려서 생사
에 들어간 것이다. 만약 모든 말세의 일체 중생들이 능
히 온갖 탐욕을 버리고 증애(憎愛)를 없애서 영원히 윤

회를 끊고 여래의 원각경계를 힘써 구하면 청정심에 문득 깨달음을 얻으리라.

선남자여, 일체 중생들이 본래 탐욕을 말미암아 무명을 발휘하여 오성(五性)[49]이 차별해서 같지 않음을 드러내며, 두 가지 장애에 의하여 깊고 얕음을 나타내느니라.

무엇이 두 가지 장애인가? 하나는 이장(理障)이니 바른 지견을 장애하는 것이요, 다른 하나는 사장(事障)이니 모든 생사를 상속함이니라.

무엇이 오성인가? 선남자여, 만약 이 두 가지 장애를 단멸치 못하면 성불하지 못한 것이라 한다. 만약 모든 중생들이 영원히 탐욕을 버리되 먼저 사장은 제했으나 이장을 끊지 못하면 단지 성문·연각에 능히 깨달아 들어감이요, 능히 보살의 경계에 머무르지는 못하느니라. 선남자여, 만약 말세 일체 중생들이 여래의 대원각의 바다에 노닐고자 한다면 먼저 마땅히 발원하여 부지런히 두 가지 장애를 끊어야 한다. 두 가지 장애가 이미 조복되면 곧 능히 보살의 경계에 깨달아 들어가리라. 만약 사장과 이장을 영원히 단멸하면 곧 여래의 미묘한 원각에 들어가서 보리와 대열반을 만족하리라.

선남자여, 일체 중생들이 모두 원각을 증득하나니 선지식을 만나서 그가 지은 인지법행을 의지하면 그때 닦아 익힘에 문득 돈·점(頓漸)이 있음이요, 만약 여래의 위없는 보리의 바른 수행의 길을 만나면 근기에 대·소(大小)가 없이 모두 불과를 이루리라. 만약 중생들이 비록 착한 벗을 구하나 삿된 견해를 가진 이를 만나면 바른 깨달음을 얻지 못하리니 이를 곧 외도종성(外道種性)이라 이름하나니, 삿된 스승의 잘못이요 중생의 허물이 아니다. 이를 중생의 오성차별(五性差別)이라 하느니라.

선남자여, 보살이 오직 대비의 방편으로써 모든 세간에 들어가서 깨닫지 못한 이를 개발케 하며 내지 여러 가지 형상을 나타내어 역경과 순경계에 그와 더불어 동사(同事)[50])해서 교화하여 성불하게 하니, 다 비롯함이 없는 청정한 원력에 의함이니라.

만약 말세의 일체 중생들이 대원각(大圓覺)에서 증상심(增上心)을 일으킨다면, 마땅히 보살의 청정한 대원을 일으켜 응당 이렇게 말하리라. '원하옵니다. 내가 이제 부처님의 원각에 머물러서 선지식을 구하오니 외도와 이승(二乘)은 만나지 말아지이다.' 원에 의지하여 수행해서 점차 모든 장애를 끊으면 장애가 다하고 원이 원만함에 문득 해탈의 청정한 법 궁전에 올라 대원각의 묘한 장엄경계를 증득하리라."

그때 세존께서 거듭 이 뜻을 펴시고자 게송을 설하여 말씀하셨다.

미륵이여, 그대는 마땅히 알아라.
일체 중생들이
대해탈을 얻지 못함은
모두 탐욕을 말미암아
생사에 떨어지기 때문이다.

만약 미움과 사랑
그리고 탐진치를 능히 끊으면
차별한 성품에 인하지 않고
다 불도를 이루리라.
두 가지 장애가 길이 소멸하여
스승을 구하여 바른 깨달음을 얻어서
보리원에 수순하며
대열반에 의지하리라.

시방의 보살들이
모두 대비의 원으로써
생사에 들어감을 시현하나니
현재 수행하는 이와
말세의 중생들이
모든 애견(愛見)을 부지런히 끊으면
문득 대원각에 돌아가리라.

제6. 청정혜보살장

수행의 계위

이에 청정혜보살(清淨慧菩薩)이 대중 가운데 있다가 곧 자리에서 일어나 부처님 발에 정례하며 오른쪽으로 세 번 돌고 무릎을 세워 꿇고 합장하고서 부처님께 말씀드렸다.

"대비하신 세존께서 저희들을 위하시어 널리 이같은 불가사의한 일을 설해주시니, 본래 보지 못한 바이며 본래 듣지 못한 바입니다. 저희들이 이제 부처님의 간곡하신 가르침을 받고 몸과 마음이 태연하여 큰 요익을 얻었습니다. 원하오니 이 법회에 온 일체 대중들을 위하여 법왕의 원만한 각성(覺性)을 거듭 말씀해주소서. 일체 중생과 모든 보살들과 여래 세존의 증득하는 바와 얻는 바가 어떻게 차별합니까? 말세 중생들로 하여금 이 성스러운 가르침을 듣고 수순 개오하여 점차 능히 들어가게 하소서."

이렇게 말하고는 오체투지하며 이와 같이 세 번 거듭 청하였다.

그때에 세존께서 청정혜보살에게 말씀하셨다. "선재 선재라, 선남자여. 그대들이 이에 모든 보살들과 말세 중생들을 위해서 여래에게 점차와 차별을 물으니 그대는 이제 자세히 들어라. 마땅히 그대를 위하여 설하리라."

이에 청정혜보살이 가르침을 받들어 기뻐하면서 대중들과 조용히 들었다.

"선남자여, 원각자성은 성(性)이 아닌 성으로 있어서 모든 성을 따라 일어나니 취함도 없고 증득함도 없는지라, 실상 가운데에는 실제로 보살과 모든 중생들이 없느니라. 무슨 까닭인가? 보살과 중생이 다 환화(幻化)이니, 환화가 멸하므로 취하고 증득할 자도 없느니라. 비유하면 안근이 자기 눈을 보지 못함과 같아서 성품이 스스로 평등하여 평등한 자가 없느니라. 중생이 미혹하고 전도되어 능히 일체 환화를 제하여 멸하지 못하니, 멸함과 멸하지 못함에 대한 허망한 공용(功用) 가운데 문득 차별을 나타내거니와, 만약 여래의 적멸에 수순함을 얻으면 진실로 적멸함과 적멸한 자도 없느니라.

선남자여, 일체 중생이 비롯함이 없는 옛부터 망상의 나와 나를 사랑하는 것을 말미암아 일찍이 스스로 생각에 생하고 멸함을 알지 못하는 까닭에 미워하고 사랑함을 일으켜서 오욕에 탐착하느니라. 만약 선우(善友)가 청정한 원각의 성품을 가르쳐 깨닫게 함을 만나서 일어나고 멸함을 밝히면 곧 이 삶의 성(性)이 스스로 노고로운 줄 알게 되리라. 만약 또 어떤 사람이 노고로움이 영원히 끊어져서 법계의 청정함을 얻으면 곧 그 청정하다는 견해가 자기의 장애가 되어서 원각에 자재하지 못하니, 이것을 범부가 원각의 성품에 수순하는 것이라 이름하느니라.

선남자여, 일체 보살이 견해가 장애가 됨에 비록 견해의 장애(解碍)를 끊었으나 오히려 깨달음을 보려는 데 머물러서 깨달으려는 장애(覺碍)가 걸림이 되어 자재하지 못하니, 이것을 보살로서 지(地)에 들어가지 못한 자가 원각의 성품에 수순하는 것이라 이름하느니라.

선남자여, 비춤이 있고(有照) 각이 있음(有覺)을 모두 장애라 한다. 그러므로 보살은 항상 깨달음에 머무르지 아니하여 비추는 것과 비추는 자가 동시에 적멸하느니라. 비유하면 어떤 사람이 스스로 그 머리를 끊음에 머리가 이미 끊어진 까닭에 능히 끊는 자마저 없는 것과 같다. 곧 장애가 되는 마음으로 스스로 모든 장애를 멸함에 장애가 이미 멸하면 장애를 멸하는 자도 없다. 수다라의 가르침이 달을 가리키는 손가락과 같으니 만일 다시 달을 보면 가리킨 것은 필경 달이 아님을 분명히 아는 것과 같아서, 일체 여래의 갖가지 언설로 보살들에게 열어 보임도 이와 같다. 이것을 보살로서 이미 지(地)에 들어간 자가 원각의 성품에 수순하는 것이라 하느니라.

선남자여, 일체 장애가 곧 구경각이니 얻은 생각과 잃은 생각이 해탈 아님이 없으며, 이루어진 법과 파괴된 법이 모두 이름이 열반이며, 지혜와 어리석음이 통틀어 반야가 되며, 보살과 외도가 성취한 법이 한가지 보리며, 무명과 진여가 다른 경계가 없으며, 모든 계·정·혜와 음·노·치(婬怒癡)가 함께 범행이며, 중생과 국토가 동일한 법성이며, 지옥과 천궁이 다 정토가 되며, 성품 있는 이나 없는 이나 모두 불도를 이루며, 일체 번뇌가 필경 해탈이라, 법계 바다(法界海)의 지혜로 모든 상을 비추어 요달함이 마치 허공과 같으니, 이것을 여래가 원각에 수순하는 것이라 이름하느니라.

선남자여, 다만 모든 보살과 말세 중생이 일체시(一切時)에 머물러서 망념을 일으키지 말며, 또한 모든 망심을 쉬어 멸하려 하지도 말며, 망상 경계에 머물러 알려고 하지도 말며, 요지할 것이 없음에 진실함을 분별하지도 말지니라. 저 중생들이 이 법문을 듣고서 믿고 이해하고 받아 지녀(信解受持) 두려움을 내지 않으면, 이것이 곧 원각의 성품을 수순함이니라.

선남자여, 그대들은 마땅히 알아라. 이러한 중생들은

이미 일찍이 백천만억 항하사 모든 부처님과 대보살들
에게 공양하여 온갖 공덕의 근본을 심었으니, 부처님께
서 설하시되 이 사람은 이름이 일체종지(一切種智)를
성취함이라고 하시느니라.

　그때 세존께서 거듭 이 뜻을 펴시고자 게송으로 말씀
하셨다.

　　　　청정혜여, 마땅히 알아라.
　　　　원만한 보리의 성품은
　　　　취할 것도 없고 증득할 것도 없으며
　　　　보살과 중생도 없으나
　　　　깨닫고 깨닫지 못할 때에
　　　　점차 차별이 있으니
　　　　중생은 견해가 장애 되고
　　　　보살은 깨달음을 여의지 못하며
　　　　지(地)에 들어간 이는 영원히 적멸하여
　　　　일체상에 머물지 않음이요
　　　　대각은 다 원만하여
　　　　이름이 두루 수순함이 되느니라.

　　　　말세의 중생들이
　　　　마음에 허망함을 내지 않으면
　　　　부처님께서 이러한 사람은

현세에 곧 보살이라
항하사 부처님께 공양하여
공덕이 이미 원만했다고 하시니라.
비록 많은 방편이 있으나
다 수순하는 지혜[隨順智]⁵¹⁾라고 이름하느니라.

제7. 위덕자재보살장

세 가지 관행법

그때 위덕자재보살(威德自在菩薩)이 대중 가운데 있다가 곧 자리에서 일어나 부처님의 발에 정례하며 오른쪽으로 세 번 돌고 두 무릎을 세워 꿇고 합장하고서 부처님께 말씀드렸다.

"대비하신 세존께서 널리 저희들을 위하여 이와 같이 원각의 성품에 수순함을 널리 분별하시어 보살들로 하여금 마음의 광명을 깨닫게 하시니 부처님의 원음(圓音)[52]을 받아서 닦아 익히지 않고도 좋은 이익을 얻었습니다. 세존이시여, 비유하면 큰 성(城)에 밖으로 네 문이 있어 방소를 따라 오는 이가 한 길에 그치지 않음과 같아서, 일체 보살이 불국토를 장엄하고 보리를 이루는 것도 한 가지 방편만이 아닙니다.

오직 원하옵니다. 세존께서 널리 저희들을 위하여 일

체의 방편 점차와 아울러 수행하는 사람이 모두 몇 종류가 있는가를 말씀하셔서, 이 모임의 보살과 말세의 중생들로서 대승을 구하는 이로 하여금 속히 깨달음을 얻어서 여래의 대적멸 바다에 노닐게 하소서."

이렇게 말하며 오체투지하고, 이같이 세 번 거듭 청하였다.

그때 세존께서 위덕자재보살에게 말씀하셨다.

"선재선재라, 선남자여. 그대들이 보살들과 말세 중생을 위하여 여래에게 이와 같은 방편을 물으니, 자세히 들어라. 그대들에게 말해주리라."

이에 위덕자재보살이 가르침을 받들고 기뻐하며 대중들과 함께 조용히 들었다.

"선남자여, 위없는 묘각이 시방에 두루하여 여래와 일체 법을 출생하나니, 동체(同體)이므로 평등하여 모든 수행에 실제로 둘이 없지만 방편으로 수순하는 데는 그 수가 무량하나, 돌아갈 바를 원만히 거둔다면 성품을 따라 차별함이 마땅히 세 종류가 있느니라.

선남자여, 보살들이 청정한 원각을 깨달아서 청정한 원각의 마음으로 고요함을 취하여 수행을 삼으면, 모든 망념이 맑아진 까닭에 심식(識)이 번거롭게 요동했음을 깨닫고 고요한 지혜가 생겨나서 몸과 마음의 객진(客塵)이 이로부터 영원히 소멸하므로 문득 안으로 적정한 경안(輕安)[53]을 일으키느니라. 적정을 말미암아 시방세계의 모든 여래의 마음이 그 가운데 나타남이 거울 속의 영상과 같으니, 이 방편은 사마타(奢摩他)라 이름하느니라.

선남자여, 보살들이 청정한 원각을 깨달아 청정한 원각의 마음으로서 심성(心性)과 근진(根塵)이 다 환화로 인한 것임을 지각하고, 곧 온갖 환을 일으켜서 환을 제거하며, 온갖 환을 변화하여 환의 무리를 깨우쳐주면 환을 일으키는 까닭에 안으로 대비의 경안을 능히 일으키느니라. 일체 보살이 이로부터 수행을 일으켜 점차 증진하나니, 환인 것을 관찰함은 환과 같지 않은 까닭이며, 환과 같지 않다고 관하는 것도 다 환인 까닭에 환의 모습을 영원히 여의느니라. 이 보살들이 원만히 하는 묘한 수행은 흙이 싹을 자라게 하는 것과 같으니, 이 방편은 삼마발제(三摩鉢提)[54]라 이름하느니라.

선남자여, 보살들이 청정한 원각을 깨달아 청정한 원각의 마음으로 환화(幻化)와 고요한 모습들에 집착하지 아니하면, 몸과 마음이 다 걸림이 되는 줄 분명히 알며 지각없는 명(明)은 온갖 장애에 의지하지 아니하여 장애와 장애없는 경계를 영원히 초과하느니라. 수용하는 세계와 몸과 마음이 서로 티끌 세상에 있으나, 마치 그릇 속의 쇠북소리가 밖으로 나가는 것과 같이 번뇌와 열반이 서로 걸리지 않으니 안으로 능히 적멸의 경안을 일으키느니라. 묘각이 수순하는 적멸의 경계는 나와 남의 몸과 마음으로 능히 미치지 못하는 바이며, 중생과 수명이 다 들뜬 생각이니 이 방편은 선나(禪那)[55]라 이름하느니라.

선남자여, 이 세 가지 법문은 모두 원각을 친근하고 수순함이라. 시방의 여래께서 이로 인하여 성불하시며 시방 보살들의 갖가지 방편인 일체 같고 다른 것이 다 이 세 가지 사업(事業)에 의한 것이니, 만일 원만히 증득하면 곧 원각을 이루리라.

선남자여, 가령 어떤 사람이 거룩한 도를 닦아서 백천만억의 아라한과와 벽지불과를 교화해 성취케 하더라도 이 원각의 무애 법문을 듣고 한 찰나 사이에 수순하고 닦아 익힌 것만 같지 못하느니라."

그때 세존께서 이 뜻을 거듭 펴시기 위하여 게송으로 말씀하셨다.

위덕이여, 그대는 마땅히 알아라.
위없는 대각의 마음은
본제(本際)가 두 모습 없으나
온갖 방편에 따라서
그 수가 무량하니
여래가 모두 열어 보임에
문득 세 종류가 있느니라.

적정(寂靜)인 사마타는
거울이 모든 영상을 비춤과 같고
환(幻) 같은 삼마제는
싹이 점점 자라남과 같고
선나의 오직 적멸한 것은
그릇 속의 쇠북소리와 같나니
세 가지 묘한 법문이
다 원각의 수순함이니라.

시방의 모든 여래와
대보살들이
이로 인하여 도를 이루나니
세 가지 일을 원만히 증득하므로
구경 열반이라 하느니라.

제8. 변음보살장

스물다섯 가지 선정

그때 변음보살(辯音菩薩)이 대중 가운데 있다가 곧 자리에서 일어나 부처님 발에 정례하며, 오른쪽으로 세 번 돌고 두 무릎을 세워 꿇고 합장하고서 부처님께 말씀드렸다.

"대비하신 세존이시여, 이와같은 법문이 매우 희유(希有)합니다. 세존이시여, 이 모든 방편은 일체 보살이 원각의 문에 몇 가지로 닦아 익혀야 됩니까? 원하오니 대중과 말세의 중생들을 위하여 방편으로 열어 보이시어 실상(實相)을 깨닫게 하소서."

이렇게 말하고는 오체투지하며 세 번 거듭 청하였다.

그때 세존께서 변음보살에게 말씀하셨다.

"선재선재라, 선남자여. 그대들이 모든 대중과 말세 중생을 위하여 여래에게 이같이 닦아 익히는 법을 물으니, 그대들은 이제 자세히 들어라. 마땅히 그대를 위하여 설하리라."

이에 변음보살이 가르침을 받들어 기뻐하며 대중들과 조용히 들었다.

"선남자여, 일체 여래의 원각이 청정하여 본래 닦아 익힐 것과 닦아 익힐 자도 없으나, 일체 보살과 말세 중생이 깨닫지 못함에 의하여 환의 힘으로 닦아 익히므로 그때 문득 이십오종(二十五種)의 청정한 선정의 바퀴[定輪]가 있느니라.

만일 보살들이 오직 지극히 고요함[極靜]만을 취하면 고요함의 힘 때문에 영원히 번뇌를 끊고 구경에 성취하여 자리에서 일어나지 않고 문득 열반에 드나니, 이 보살은 홀로 사마타를 닦는다고 하느니라.

만일 보살들이 오직 환 같음[如幻]만 관찰하면 부처님의 힘으로써 세계의 갖가지 작용을 변화시켜 보살의 청정하고 미묘한 행을 갖춰 행하되 다라니에서 조용한 생각[寂念]과 모든 고요한 지혜[靜慧]를 잃지 않나니, 이 보살은 홀로 삼마발제를 닦는다고 하느니라.

만일 보살들이 오직 모든 환을 멸하여 작용을 취하지 않고 홀로 번뇌를 끊어 번뇌가 끊어져 다하면 문득 실상을 중득하나니, 이 보살은 홀로 선나를 닦는다고 하느니라.

만일 보살들이 먼저 지극히 고요함을 취하여 고요한

지혜의 마음으로 모든 환인 것을 비추고 문득 이 가운데서 보살행을 일으키면, 이 보살은 먼저 사마타를 닦고 후에 삼마발제를 닦는다고 하느니라.

만일 보살들이 고요한 지혜로 지극히 고요한 성품을 증득하고 문득 번뇌를 끊어서 영원히 생사를 벗어나면, 이 보살은 먼저 사마타를 닦고 후에 선나를 닦는다고 하느니라.

만일 보살들이 적정한 지혜로 다시 환력(幻力)의 갖가지 변화를 나타내어 중생들을 제도하고 후에 번뇌를 끊어서 적멸에 들면, 이 보살은 먼저 사마타를 닦고 중간에 삼마발제를 닦고 후에 선나를 닦는다고 하느니라.

만일 보살들이 지극히 고요한 힘으로 번뇌를 끊어 마치고 후에 보살의 청정하고 미묘한 행을 일으켜 모든 중생을 제도하면, 이 보살은 먼저 사마타를 닦고 중간에 선나를 닦고 후에 삼마발제를 닦는다고 하느니라.

만일 보살들이 지극히 고요한 힘으로 마음에 번뇌를 끊고 뒤에 중생을 제도하여 세계를 건립하면, 이 보살은 먼저 사마타를 닦고 가지런히 삼마발제와 선나를 닦는다고 하느니라.

만일 보살들이 지극히 고요한 힘으로 도와서 변화를 일으키고 뒤에 번뇌를 끊으면, 이 보살은 가지런히 사마타와 삼마발제를 닦고 후에 선나를 닦는다고 하느니라.

만일 보살들이 지극히 고요한 힘으로 적멸을 돕고, 뒤에 작용을 일으켜 경계를 변화하면, 이 보살은 가지런히 사마타와 선나를 닦고 후에 삼마발제를 닦는다고 하느니라.

만일 보살들이 변화의 힘으로 갖가지로 수순하되 지극히 고요함을 취하면, 이 보살은 먼저 삼마발제를 닦고 후에 사마타를 닦는다고 하느니라.

만일 보살들이 변화의 힘으로 갖가지 경계에 적멸을 취하면, 이 보살은 먼저 삼마발제를 닦고 후에 선나를 닦는다고 하느니라.

만일 보살들이 변화의 힘으로 불사(佛事)를 하고 편안히 적정에 머물러서 번뇌를 끊으면, 이 보살은 먼저 삼마발제를 닦고 중간에 사마타를 닦고 후에 선나를 닦는다고 하느니라.

만일 보살들이 변화의 힘으로 걸림없이 작용하고 번뇌를 끊는 까닭에 지극히 고요함에 머무르면, 이 보살은 먼저 삼마발제를 닦고 중간에 선나를 닦고 후에 사마타를 닦는다고 하느니라.

만일 보살들이 변화의 힘으로 방편으로 작용하고 지극히 고요함과 적멸을 둘 다 함께 수순하면, 이 보살은 먼저 삼마발제를 닦고 가지런히 사마타와 선나를 닦는다고 하느니라.

만일 보살들이 변화의 힘으로 갖가지 작용을 일으켜

지극히 고요함을 돕고 뒤에 번뇌를 끊으면, 이 보살은 가지런히 삼마발제와 사마타를 닦고 후에 선나를 닦는다고 하느니라.

만일 보살들이 변화의 힘으로 적멸을 돕고 뒤에 청정한 지음없는(無作) 정려(靜慮)에 머무르면, 이 보살은 가지런히 삼마발제와 선나를 닦고 후에 사마타를 닦는다고 하느니라.

만일 보살들이 적멸의 힘으로 지극히 고요함을 일으켜 청정에 머무르면, 이 보살은 먼저 선나를 닦고 후에 사마타를 닦는다고 하느니라.

만일 보살들이 적멸의 힘으로 작용을 일으켜 일체 경계에서 적멸의 작용에 수순하면, 이 보살은 먼저 선나를 닦고 후에 삼마발제를 닦는다고 하느니라.

만일 보살들이 적멸의 힘인 갖가지 자성으로 정려에 안주하여 변화를 일으키면, 이 보살은 먼저 선나를 닦고 중간에 사마타를 닦고 후에 삼마발제를 닦는다고 하느니라.

만일 보살들이 적멸의 힘인 무작(無作) 자성으로 작용의 청정 경계를 일으켜 정려에 돌아가면, 이 보살은 먼저 선나를 닦고 중간에 삼마발제를 닦고 후에 사마타를 닦는다고 하느니라.

만일 보살들이 적멸의 힘인 갖가지 청정으로 정려에 머물러 변화를 일으키면, 이 보살은 먼저 선나를 닦고 가지런히 사마타와 삼마발제를 닦는다고 하느니라.

만일 보살들이 적멸의 힘으로 지극히 고요함을 도와 변화를 일으키면, 이 보살은 가지런히 선나와 사마타를 닦고 후에 삼마발제를 닦는다고 하느니라.

만일 보살들이 적멸의 힘으로 변화를 도와 지극히 고요한 맑고 밝은 경계의 지혜를 일으키면, 이 보살은 가지런히 선나와 삼마발제를 닦고 후에 사마타를 닦는다고 하느니라.

만일 보살들이 원각의 지혜로 두렷이 일체를 합하여 모든 성(性)과 상(相)에 각성(覺性)을 여읨이 없으면, 이 보살은 세 가지를 원만히 닦아서 자성의 청정함을 수순한다고 하느니라.

선남자여, 이를 보살의 이십오륜(二十五輪)이라 이름 하니 일체 보살의 수행이 이와 같느니라.

만일 모든 보살과 말세 중생이 이 륜(輪)에 의하려는 이는 마땅히 범행을 지니고 적정하게 사유하여 슬피 참회를 구하되, 삼칠일이 지나도록 이십오륜에 각각 표기해 두고 지극한 마음으로 슬피 구해서 손닿는 대로 결(結)을 취하여 결이 보여 줌에 의하면 문득 돈(頓)과 점(漸)을 알리니 한 생각이라도 의심하거나 뉘우치면 곧 성취하지 못하리라."

그때에 세존께서 이 뜻을 거듭 펴시기 위하여 게송으로 말씀하셨다.

변음이여, 그대는 마땅히 알아라.
일체 보살의
걸림없는 청정한 지혜가
다 선정에 의하여 생기느니라.

이른바 사마타와
삼마제와 선나이니,
세 가지 법을 돈(頓)과 점(漸)으로 닦아서
이십오종이 있느니라.

시방의 모든 여래와
삼세의 수행자들이
이 법으로 인하여
보리를 이루지 아니함이 없으니
오직 몰록 깨달은 사람과
법에 수순하지 않는 이는 제하느니라.

일체 모든 보살과
말세 중생이
항상 마땅히 이 륜(輪)을 지니어
수순하고 부지런히 닦아 익히면
부처님의 대비하신 힘에 의하여
오래지 않아서 열반을 증득하리라.

제9. 정제업장보살장

네 가지 상을 제하는 법

그때 정제업장보살(淨諸業障菩薩)이 대중 가운데 있다가 곧 자리에서 일어나 부처님의 발에 정례하며, 오른쪽으로 세 번 돌고 두 무릎을 세워 꿇고 합장하고서 부처님께 말씀드렸다.

"대비하신 세존께서 저희들을 위하여 이와 같이 불가사의한 일인 일체 여래의 인지(因地)의 행상을 널리 말씀하시어, 대중들로 하여금 미증유를 얻어 조어(調御)[56]께서 항사겁을 지나도록 애쓰신 경계인 일체 공용을 모두 보기를 마치 일념과 같이 하게 하시니, 저희 보살들은 깊이 스스로 기뻐합니다.

세존이시여, 만일 모든 원각의 마음이 본성이 청정하다면 무엇 때문에 더럽혀져서 중생들로 하여금 답답하여[迷悶] 들어가지 못하게 합니까. 오직 원하옵니다. 여래께서 널리 저희들을 위하여 법성을 개오(開悟)하여 이 대중과 말세 중생으로 하여금 장래의 안목을 짓게 하소서."

이렇게 말씀드리고는 오체투지하며 이같이 세 번 거듭 청하였다.

그때 세존께서 정제업장보살에게 말씀하셨다.

"선재선재라, 선남자여. 그대들이 이에 모든 대중과 말세 중생을 위하여 여래에게 이같은 방편을 물으니, 이제 자세히 들으라. 마땅히 그대를 위하여 설하리라."

이에 정제업장보살이 가르침을 받들어 기뻐하면서 대중들과 조용히 들었다.

"선남자여, 일체 중생이 비롯함이 없는 옛부터 망상으로 아·인·중생·수명(我人衆生壽命)이 있다고 집착하여 네 가지 뒤바뀜(顚倒)을 잘못 알아 참 나의 체로 삼는다. 이로 말미암아 문득 미움과 사랑의 두 경계를 내어서 허망한 체에 거듭 허망을 집착하는지라, 두 허망이 서로 의지하여 허망한 업의 길을 내니, 망업(妄業)이 생기므로 망령되이 유전함을 보며 유전을 싫어하는 이는 망령되이 열반을 보느니라.

이로써 능히 청정한 깨달음에 들지 못하나니, 깨달음이 들어가는 이들을 거부함이 아니며, 능히 들어가는 이가 있더라도 깨달음이 들어가게 함이 아닌 까닭이다. 그러므로 생각을 움직이고 생각을 쉼이 다 답답함으로

돌아가느니라. 무슨 까닭인가. 비롯함이 없이 본래 일어
난 무명으로써 자기의 주재(主宰)를 삼았기 때문이다.
일체 중생이 태어날 때부터 지혜의 눈이 없어서 몸과
마음 등의 성품이 다 무명이다. 비유하면 사람이 스스
로 자기의 목숨을 끊지 못하는 것과 같다. 그러므로 분
명히 알아라. 나를 사랑하는 이는 내가 수순해주고 수
순하지 않는 이에게는 원망을 품나니, 미워하고 사랑하
는 마음이 무명을 자라게 하는 까닭에 상속하여 도를
구하여도 다 성취하지 못하느니라.

  선남자여, 무엇이 아상(我相)인가? 이른바 중생들이
마음으로 증득한 바이니라. 선남자여, 비유하면 어떤 사
람이 온몸이 건강하고 평안해서 홀연히 나의 몸을 잊었
다가 섭양(攝養)하는 방법이 어긋나서 사지가 불편할
때 조금만 침을 놓거나 뜸을 뜨면 곧 나〔我〕가 있는 줄
알게 된다. 그러므로 증득해 취하여야 비로소 나의 본
체〔體〕가 나타나느니라. 선남자여, 그 마음이 여래께서
필경에 분명히 아신 청정 열반까지 증득할지라도 모두
아상이니라.

  선남자여, 무엇이 인상(人相)인가? 이른바 중생들이
마음으로 증득한 것을 깨닫는 것이니라. 선남자여, 나
〔我〕가 있다고 깨달은 이는 다시는 나를 잘못 집착하지
않거니와 나〔我〕가 아니라고 깨달은 깨달음도 그와 같
나니, 깨달음이 이미 일체 증득한 것을 초과하였다는

것이 다 인상이니라. 선남자여, 그 마음이 내지 열반이 함께 나(我)라고 두렷이 깨달을지라도, 조금이라도 마음에 깨달았다는 생각을 두면 진리를 증득했다는 생각을 다 없앴다고 하더라도 인상이라 이름하느니라.

선남자여, 무엇이 중생상(衆生相)인가? 이른바 중생들 스스로 마음으로 증득하거나 깨달음으로 미치지 못하는 바이니라. 선남자여, 비유하면 어떤 사람이 말하기를 '나는 중생이다'고 하면, 그 사람이 중생이라 말한 것은 나도 아니며, 저도 아닌 줄 아는 것과 같다. 어찌하여 나(我)가 아닌가? 내가 중생이므로 나(我)가 아니다. 어찌하여 저가 아닌가? 내가 중생이라 했으므로 저의 나가 아닌 까닭이다. 선남자여, 단지 중생들의 증득함과 깨달음이 모두 아상·인상이니, 아상·인상이 미치지 못하는 곳에 요달한 바를 두면 중생상이라 이름하느니라.

선남자여, 무엇이 수자상(壽者相)인가? 이른바 중생들의 마음의 비춤이 청정하여 요달한 바를 깨닫는 것이니, 일체 업지(業智)가 볼 수 없는 것이 마치 목숨(命根)과 같느니라. 선남자여, 마음으로 일체 깨달음을 비추어 보는 것은 다 티끌이니, 깨달은 이와 깨달은 바가 티끌을 여의지 못한 때문이니라. 마치 끓는 물로 얼음을 녹임에 따로 얼음이 있어 얼음이 녹은 것인 줄 아는 이가 없음과 같아서, 나를 두어 나를 깨닫는 것도 이와 같느니라.

선남자여, 말세 중생이 네 가지 상(四相)[57]을 알지 못하면 비록 여러 겁을 지내도록 힘써 도를 닦더라도 단지 유위(有爲)[58]라 이름할 뿐이요, 마침내 능히 일체 성스러운 과보를 이루지 못하리니, 그러므로 정법(正法)의 말세라 이름하느니라. 무슨 까닭인가? 일체 나를 잘못 알아서 열반을 삼기 때문이며, 증득함이 있고 깨달음이 있음을 성취라 이름하기 때문이다. 비유하면 어떤 사람이 도적인 줄 모르고 아들로 삼음에 그 집의 재산을 마침내 보전하지 못하는 것과 같다. 무슨 까닭인가. 나를 애착함(我愛)이 있는 이는 또한 열반도 사랑하는지라 나의 애착의 근원을 굴복시켜 열반의 모습으로 삼는다. 나를 미워함(我憎)이 있는 이는 또한 생사도 미워하는지라, 사랑하는 것이 참으로 생사임을 알지 못하는 까닭에 따로 생사를 미워하나니, 해탈하지 못한 것이니라.

어찌하여 마땅히 법이 해탈치 못함을 아는가? 선남자여, 저 말세 중생으로서 보리를 익히는 자가 자기의 조그마한 증득으로써 스스로 청정을 삼음은 능히 아상의 근본을 다하지 못함이니라. 만일 다시 어떤 사람이 그 법을 칭찬하면 곧 환희를 내어서 문득 제도하려 하고, 만일 다시 그가 얻은 것을 비방하면 문득 화를 내나니, 곧 아상을 견고하게 집착해 가져 장식(藏識)에 잠복하고 여러 감관(根)에 유희해서 일찍이 끊이지 않은 줄 알 수 있느니라.

선남자여, 저 도를 닦는 이가 아상을 제거하지 아니하여 능히 청정한 깨달음에 들지 못하느니라. 선남자여, 만일 나가 공한 줄(我空) 알면 나를 헐뜯을 이가 없으며, 나를 두고 설법함은 나가 끊어지지 않은 때문이니, 중생과 수명도 그러하니라.

선남자여, 말세 중생이 병을 법이라 하리니, 그러므로 가여운 자라고 이름한다. 비록 부지런히 정진하나 온갖 병을 더할 뿐이다. 그런 까닭에 능히 청정한 깨달음에 들지 못하느니라.

선남자여, 말세 중생이 사상(四相)을 요달하지 못하고 여래의 견해와 행한 자취로써 자기의 수행을 삼으면 마침내 성취하지 못하느니라. 혹 어떤 중생이 얻지 못함을 얻었다 하고, 증득하지 못함을 증득했다고 하며, 이겨 나아가는 이를 보고 질투하는 것은, 그 중생이 자신에 대한 사랑(我愛)을 끊지 못한 때문이다. 그러므로 능히 청정한 깨달음에 들지 못하느니라.

선남자여, 말세 중생이 도 이루기(成道)를 희망하되 깨달음을 구하지 아니하고 오직 다문(多聞)만 더하여 아견을 자라게 하나니, 다만 마땅히 부지런히 정진하여 번뇌를 항복시키고 대용맹을 일으켜서 얻지 못한 것을 얻게 하며, 끊지 못한 것을 끊게 하여, 탐냄(貪)·성냄

〔瞋〕· 애착〔愛〕· 교만〔慢〕과 아첨〔諂〕· 왜곡〔曲〕· 질투
가 경계를 대하여도 생기지 않고 저와 나의 은애(恩愛)
가 일체 적멸하면, 부처님께서 이 사람은 점차로 성취
하리라 설하시니라. 선지식을 구하면 사견에 떨어지지
않으려니와 만일 구하는 바에 따로 미움과 사랑을 일으
키면 곧 능히 청정한 깨달음〔覺海〕에 들지 못하리라."
  그때 세존께서 이 뜻을 거듭 펴시기 위하여 게송으로
말씀하셨다.

      정업(淨業)아, 그대는 마땅히 알아라.
      일체 중생들이
      모두 아애에 집착하여
      비롯함이 없이 허망하게 유전하나니
      네 가지 상을 제하지 못하면
      보리를 이루지 못하느니라.

      사랑과 미움이 마음에서 생기고
      아첨과 왜곡이 생각 속에 있으니
      그 까닭에 답답함이 많아서
      능히 각성(覺城)에 들지 못하느니라.

      만일 능히 깨달음의 세계에 돌아가서
      먼저 탐·진·치를 버리고

법애(法愛)도 마음에 두지 아니하면
점차로 성취할 수 있으리라.
나의 몸도 본래 있지 아니한데
미움과 사랑이 어디서 생기리오.
이 사람은 선지식을 구하여
마침내 사견에 떨어지지 않으려니와
구하는 바에 따로 생각을 내면
구경에 성취하지 못하리라.

제10. 보각보살장

네 가지 병을 여의는 법

그때에 보각보살(普覺菩薩)이 대중 가운데 있다가 곧 자리에서 일어나 부처님 발에 정례하며, 오른쪽으로 세 번 돌고 두 무릎을 세워 꿇고 합장하여 부처님께 말씀드렸다.

"대비하신 세존께서 쾌히 선병(禪病)을 설하시어 대중들로 하여금 미증유를 얻어서 마음과 뜻이 탕연하여 큰 안은을 얻게 하셨습니다.

세존이시여, 말세의 중생이 부처님과 거리가 점점 멀어짐에 현인과 성인은 숨고 삿된 법은 더욱 치성하리니, 중생들로 하여금 어떤 사람을 구하며, 어떤 법에 의지하며, 어떤 행을 행하며, 어떤 병을 제거하며, 어떻게 발심케 하여야 그 뭇 눈먼 이들로 하여금 사견에 떨어지지 않게 하겠습니까?"

이렇게 말씀드리고는 오체투지하고 이같이 세 번 거듭 청하였다.

그때 세존께서 보각보살에게 말씀하셨다.

"선재선재라, 선남자여. 그대들이 능히 여래에게 이같은 수행을 물어서 말세의 일체 중생에게 두려움 없는 도의 눈[無畏道眼]을 베풀어 주어 그 중생으로 하여금 성스러운 도를 이루게 하려 하니, 이제 자세히 들어라. 그대들에게 말해 주리라."

그때 보각보살이 가르침을 받들어 기뻐하면서 대중들과 조용히 들었다.

"선남자여, 말세 중생이 장차 큰 마음[大心]을 일으켜 선지식을 구해 수행하고자 하는 이는 마땅히 일체 바른 지견의 사람을 구하여야 한다. 마음이 상(相)에 머무르지 아니하여 성문이나 연각의 경계에 집착하지 않으며, 비록 진로(塵勞)를 나타내나 마음이 항상 청정하며, 온갖 허물이 있음을 보이나 청정한 행[梵行]을 찬탄하여, 중생들로 하여금 율의(律儀) 아닌 데 들어가지 않게 하여야 한다. 이와 같은 사람을 구하면 곧 아뇩다라삼먁삼보리를 성취하리라.

말세 중생이 이같은 사람을 보면 응당 공양하되 몸과 목숨을 아끼지 말아야 한다. 그 선지식이 네 위의[四威儀]59) 가운데 항상 청정함을 나타내며 내지 갖가지 허물을 보이더라도 마음에 교만이 없어야 하거늘, 하물며 다시 박재(搏財)와 처자·권속이겠는가. 만일 선남자가 그 선우(善友)에게 나쁜 생각을 일으키지 아니하면 곧 능히 구경에 정각을 성취하여 마음이 밝아져 시방세계를 비추리라.

선남자여, 그 선지식이 증득한 묘한 법은 마땅히 네 가지 병〔四病〕을 여의어야 한다. 어떤 것이 네 가지 병인가?

첫째 작병(作病)이다. 만일 어떤 사람이 말하기를, 나는 본심에 갖가지 행을 지어서 원각을 구하리라 하면, 그 원각의 성품은 지어서 얻어지는 것이 아니므로 병이라 하느니라.

둘째 임병(任病)이다. 만일 어떤 사람이 말하기를, 나는 지금 생사를 끊지도 않으며, 열반을 구하지도 않는다. 열반과 생사에 일어나거나 멸한다는 생각이 없고 저 일체에 맡기어 모든 법성을 따라 원각을 구하리라 하면, 그 원각의 성품은 맡겨서 있는 것이 아니므로 병이라 하느니라.

셋째 지병(止病)이다. 만일 어떤 사람이 말하기를, 나는 지금 자신의 마음에 모든 망념을 영원히 쉬어 일체 성품이 고요한 평등을 얻어서 원각을 구하리라 하면, 그 원각의 성품은 그쳐서 부합되는 것이 아니므로 병이라 하느니라.

넷째 멸병(滅病)이다. 만일 어떤 사람이 말하기를, 나는 지금 일체 번뇌를 영원히 끊어 몸과 마음도 필경 공하여 있는 바가 없거늘 어찌 하물며 근(根)과 진(塵)의 허망한 경계리요, 일체가 영원히 적멸함으로써 원각을 구하리라 하면, 그 원각의 성품은 고요한 모습이 아니므로 병이라 하느니라.

이 네 가지 병을 여읜 이는 청정함을 아나니, 이러한 관(觀)을 짓는 것은 정관(正觀)이요, 달리 관하는 것은 사관(邪觀)이라 하느니라.

선남자여, 말세 중생으로서 수행하고자 하는 이는 마땅히 목숨이 다하도록 착한 벗에게 공양하며 선지식을 섬겨야 한다. 저 선지식이 와서 친근하려 하면 마땅히 교만을 끊으며, 만일 다시 멀리하더라도 응당 화냄과 원한을 끊어서, 역순(逆順)의 경계를 나타냄에 마치 허공과 같이 여기며 몸과 마음이 필경 평등하여 중생들과 더불어 동체여서 다름이 없는 줄 분명히 알아야 하나니, 이와 같이 수행하여야 바야흐로 원각에 들어가리라.

선남자여, 말세 중생이 도를 이루지 못함은 비롯함이 없는 옛부터 나와 남을 미워하고 사랑하는 일체 종자가 있기 때문이다. 그러므로 해탈치 못하느니라. 만일 어떤 사람이 원수 보기를 자기 부모와 같이 하여 마음에 둘이 없으면 곧 모든 병을 제하리니, 모든 법 가운데 나와 남을 미워하고 사랑함도 또한 이와 같느니라.

선남자여, 말세 중생이 원각을 구하고자 하면 응당

발심하여 이같이 말하라. '온 허공의 일체 중생을 내가 다 구경 원각에 들게 하되, 원각 가운데 깨달음을 취하는 이가 없어서 저 나와 남의 모든 상을 제하게 하리라.' 이와 같이 발심하면 사견에 떨어지지 않으리라."

그때 세존께서 이 뜻을 거듭 펴시기 위하여 게송으로 말씀하셨다.

보각아, 그대는 마땅히 알아라.
말세의 모든 중생이
선지식을 구하려 하면
응당 정각을 구하되
마음에 이승을 멀리할지니라.

법 가운데 네 가지 병은 제하니
이른바 작·지·임·멸이니라.
친근하여도 교만함이 없으며
멀리하여도 화냄과 원한이 없어서
갖가지 경계를 보되
마땅히 희유한 마음 내기를
부처님께서 출세하신 것과 같이 하라.

계율 아닌 것을 범하지 말아서
계의 근본이 영원히 청정하고

보각보살장
71

일체 중생을 제도하여
구경에 원각에 들게 하되

저 아상, 인상이 없어서
항상 지혜에 의지하면
문득 삿된 견해를 초월하여
깨달음을 증득하고 열반에 들리라.

제11. 원각보살장

참회하는 법

그때에 원각보살(圓覺菩薩)이 대중 가운데 있다가 곧 자리에서 일어나 부처님 발에 정례하며 오른쪽으로 세 번 돌고 두 무릎을 꿇어 합장하고서 부처님께 말씀드렸다.

"대비하신 세존께서 저희들을 위하여 청정한 원각의 갖가지 방편을 널리 말씀하시어 말세 중생에게 큰 이익이 있게 하셨습니다.

세존이시여, 저희들은 지금 이미 깨달음을 얻었습니다. 만약 부처님께서 입멸하신 후 말세 중생으로서 깨달음을 얻지 못한 이는 어떻게 안거(安居)하여 이 원각의 청정한 경계를 닦아야 합니까? 이 원각 중 세 가지 청정한 관(觀)에서는 무엇으로 으뜸을 삼아야 합니까? 오직 원하오니 대비로 모든 대중과 말세 중생을 위하여 큰 요익을 베푸소서."

이와 같이 말하고 오체투지하며 세 번 거듭 청하였다.

그때 세존께서 원각보살에게 말씀하셨다. "선재선재라, 선남자여. 그대들이 능히 여래에게 이같은 방편을 물어서 큰 요익으로써 중생들에게 베풀려고 하니, 그대는 이제 자세히 들어라. 마땅히 그대를 위하여 말하리라."

이에 원각보살이 가르침을 받들어 기뻐하며 대중들과 조용히 들었다.

"선남자여, 혹 부처님께서 세간에 머무시거나 혹 불멸 후에나 혹은 말법 시에 중생들이 대승의 성품을 갖추어 부처님의 비밀한 대원각의 마음을 믿어서 수행하고자 한다면, 만일 가람(伽藍)에 있게 되면 무리 중에 편안히 거처하며, 반연되는 일이 있으면 분에 따라 살펴 생각해야 함은 내가 이미 말한 것과 같느니라.

만일 별다른 일의 인연이 없으면 곧 도량을 건립하되 마땅히 기한을 정해야 한다. 만일 긴 기한을 세우면 백이십 일이요, 중간 기한은 백 일이요, 짧은 기한은 팔십 일이니 깨끗한 거처에 안치하도록 한다.

만일 부처님께서 현재하시면 마땅히 바르게 사유하며, 부처님께서 입멸하신 후이면 형상을 시설하고 마음에 두며 눈으로 상상하여 바르게 기억하되 여래께서 상주하시던 날과 같이 하여 온갖 번(幡)과 꽃을 달고 삼칠일 동안 시방 모든 부처님의 명자(名字)에 머리를 조아려 슬피 참회를 구하면 좋은 경계를 만나 마음이 편안함[輕安]을 얻으리라. 삼칠일을 지나도록 한결같이 생각을 거두어야 하느니라.

만일 첫여름을 경과하여 석 달 동안 안거하려거든 마땅히 청정한 보살의 그치고 머무름이 되어, 마음이 성문을 여의며 무리에 의하지 않도록 하라. 안거하는 날에 이르러 부처님 앞에서 말씀드리되, '나 비구·비구니·우바새·우바이인 아무[某甲]는 보살승(菩薩乘)[60]에 걸터앉아 적멸의 행을 닦아서 청정한 실상에 함께 들어가 주지하여 대원각으로 나의 가람을 삼고 몸과 마음이 평등성지(平等性智)[61]에 안거하여 열반의 자성이 얽매임이 없으므로 이제 내가 공경히 청하옵니다. 성문에 의지하지 않고 시방의 여래와 대보살들과 함께 석 달 동안 안거하여 보살의 위없는 묘각을 닦는 큰 인연이 된 까닭에 무리에 얽매이지 않겠습니다' 하라. 선남자여, 이를 보살이 시현한 안거라 이름하니 세 가지 기한의 날을 지내면 가는 데마다 걸림이 없으리라.

선남자여, 만일 말세에 수행하는 중생이 보살도를 구하여 세 가지 기한에 들어간 자는 저가 들은 바가 아니면 일체 경계를 끝내 취하지 말지니라.

선남자여, 만일 중생들이 사마타를 닦되 먼저 지극히

고요함을 취하여 생각을 일으키지 아니하면 고요함이
지극하여 문득 깨달으리라. 이와 같이 처음의 고요함이
한 몸으로부터 한 세계에 이르나니, 깨달음도 이와 같
느니라. 선남자여, 만일 깨달음이 한 세계에 변만한 이
는 한 세계 중에 한 중생이 한 생각 일으킴이 있는 것
을 다 능히 알며 백천 세계도 그러하리니, 저가 들은
바가 아니면 일체 경계를 끝내 취하지 말지니라.

　선남자여, 만일 중생들이 삼마발제를 닦으려면 먼저
마땅히 시방 여래와 시방세계의 일체 보살이 갖가지 문
에 의지함을 기억해 생각하여, 점차 수행하고 삼매를
부지런히 애써서 큰 서원을 널리 일으켜 스스로 훈습해
서 종자를 이룰지니, 저가 들은 바가 아니면 일체 경계
를 끝내 취하지 말지니라.

　선남자여, 만일 중생들이 선나를 닦으려면 먼저 수문
(數門)을 취하여 마음 속에서 나고 머무르고 멸하는 생
각의 분제와 수효를 분명히 알아서 이렇게 두루하면,
네 가지 위의 가운데 분별하는 생각의 수효를 잘 알지
못함이 없어서 점차로 더 나아가며, 내지는 백천 세계
의 한 방울 물까지 알되 마치 수용하는 물건을 눈으로
보는 것 같이 되리니, 저가 들은 바가 아니면 일체 경
계를 끝내 취하지 말지니라.

　이것이 삼관(三觀)[62)의 첫 방편이니, 만일 중생들이
세 가지를 두루 닦아서 부지런히 정진하면 여래께서 세

상에 출현하셨다고 하느니라.

만약 말세[63]에 근기가 둔한 중생이 도를 구하려 하나 성취하지 못한다면 옛적의 업장 때문이니, 마땅히 부지런히 참회하여 항상 희망을 일으켜서 먼저 미워하고 사랑함과 질투하고 아첨함을 끊고 수승한 마음을 일으켜야 한다. 세 가지 청정한 관에서 하나의 일을 따라 배우되 이 관으로 얻지 못하면 다시 저 관을 익혀 마음에 놓아 버리지 말고 점차로 증득을 구할지니라."

그때 세존께서 이 뜻을 거듭 펴시기 위하여 계송으로 말씀하셨다.

원각아, 그대는 마땅히 알아라.
일체 중생들이
위없는 도를 행하고자 하면
먼저 마땅히 세 가지 기한을 맺어서
비롯함이 없는 업을 참회하고

삼칠일을 지내며
그런 후에 바르게 사유하되
저가 들은 바 경계가 아니면
끝내 취하지 말지니라.

사마타는 지극히 고요하고

삼마제는 바르게 기억해 지니고
선나는 수문(數門)을 밝히니
이 이름이 세 가지 청정한 관이니라.

만일 능히 부지런히 닦아 익히면
이를 부처님께서 출세하셨다고 하느니라.
둔근으로 성취하지 못하는 이는
항상 부지런한 마음으로
비롯함이 없는 일체의 죄를 참회할지니
모든 업장이 만일 녹아 없어지면
부처 경계가 문득 현전하리라.

제12. 현선수보살장

경을 유통하는 공덕

그때에 현선수보살(賢善首菩薩)이 대중 가운데 있다가, 곧 자리에서 일어나 부처님의 발에 정례하고 오른쪽으로 세 번 돌고 두 무릎을 세워 꿇고 합장하고서 부처님께 말씀드렸다.

"대비하신 세존께서 널리 저희들과 말세 중생을 위하여 이와 같은 불가사의한 일을 깨닫게 하셨습니다. 세존이시여, 이 대승의 가르침은 이름[名字]이 무엇이며, 어떻게 받들어 지니며, 중생이 닦아 익힘에 무슨 공덕을 얻으며, 어떻게 우리로 하여금 경을 지니는 이를 보호하게 하며, 이 가르침을 유포하면 어떤 경지에 이르게 됩니까?"

이렇게 말씀드리고 오체투지하며 세 번 거듭 청하였다.

그때 세존께서 현선수보살에게 말씀하셨다.

"선재선재라, 선남자여. 그대들이 모든 보살과 말세 중생을 위하여 여래에게 이러한 경의 공덕과 이름을 물으니, 그대들은 지금 자세히 들어라. 마땅히 그대를 위해 설하리라."

이에 현선수보살이 가르침을 받들어 기뻐하면서 대중들과 함께 조용히 들었다.

"선남자여, 이 경은 백천만억 항하사 부처님들께서 설하신 바이며, 삼세의 여래께서 수호하시는 바이며, 시방의 보살이 귀의하는 바이며, 십이부경(十二部經)[64]의 청정한 안목이다. 이 경은 대방광원각다라니(大方廣圓覺陀羅尼)라 이름하며, 또한 수다라요의(修陀羅了義)라 하며, 또한 비밀왕삼매(祕密王三昧)라 하며, 또한 여래결정경계(如來決定境界)라 하며, 또한 여래장자성차별(如來藏自性差別)이라 이름하나니, 그대는 마땅히 받들어 지닐지어다.

선남자여, 이 경은 오직 여래 경계만을 드러내었으니, 오직 부처님·여래만이 능히 다 설하실 수 있느니라. 만일 모든 보살과 말세 중생이 이를 의지하여 수행하면 점차 증진하여 부처의 경지에 이르리라.

선남자여, 이 경의 이름은 돈교대승이 되는지라 돈기(頓機)의 중생이 이를 따라 개오하며, 또한 점차로 닦는 일체 무리들도 포섭하느니라. 비유하면 큰 바다가 작은

흐름도 사양하지 않아서 내지 모기와 깔따귀 및 아수라도 그 물을 마시는 이는 모두 충만함을 얻는 것과 같느니라.

선남자여, 가령 어떤 사람이 순전히 칠보로써 삼천대천세계에 가득히 쌓아 두고 보시하더라도, 어떤 사람이 이 경의 이름과 한 구절의 뜻을 듣는 것만 못하느니라. 선남자여, 가령 어떤 사람이 백천 항하사 중생을 교화하여 아라한과를 얻게 하더라도 어떤 사람이 이 경을 설하여 반 게송을 분별하는 것만 못하느니라. 선남자여, 만일 다시 어떤 사람이 이 경의 이름을 듣고 신심이 의혹되지 않으면, 마땅히 알라, 이 사람은 한 부처님이나 두 부처님께 모든 복과 지혜를 심었을 뿐 아니라 이처럼 내지 항하사 일체 부처님 처소에 모든 선근을 심어서 이 경의 가르침을 들은 것이니라.

그대 선남자는 마땅히 말세의 이 수행자를 보호해서 악마와 외도들이 그 몸과 마음을 괴롭게 하여 퇴전케 함이 없도록 할지니라."

그때 대중 가운데 화수금강(火首金剛)·최쇄금강(撮碎金剛)·니람파금강(尼藍婆金剛) 등 팔만 금강이 있어 그 권속과 아울러 곧 자리에서 일어나 부처님의 발에 정례하며 오른쪽으로 세 번 돌고 부처님께 말씀드렸다.

"세존이시여, 만일 후 말세 중생들로서 이 결정적인 대승을 능히 지니는 이가 있으면 저희들이 마땅히 안목을 보호하듯 수호하며, 내지 도량의 수행하는 곳에 저희들 금강이 스스로 무리를 이끌고 가서 아침 저녁으로 수호하여 퇴전치 않게 하며, 그 집에 영원히 재앙·장애가 없고 역병이 소멸하며 재보가 풍족하여 항상 모자라지 않게 하겠나이다."

이에 대범왕과 이십팔천왕과 수미산왕과 호국천왕 등도 곧 자리에서 일어나 부처님 발에 정례하며 오른쪽으로 세 번 돌고 부처님께 말씀드렸다.

"세존이시여, 저희들도 이 경을 지니는 이를 수호하여 항상 안온케 해서 마음이 퇴전하지 않게 하겠나이다."

또한 길반다(吉槃多)라는 이름의 대력귀왕이 있어 십만 귀왕과 함께 곧 자리에서 일어나 부처님의 발에 정례하며 오른쪽으로 세 번 돌고 부처님께 말씀드렸다.

"세존이시여, 저희들도 이 경을 지니는 이를 수호해서 아침 저녁으로 시위하여 물러서지 않게 할 것이며, 그 사람이 기거하는 곳에서 한 유순(由旬)[65] 내에 만일 귀신이 그 경계를 침범함이 있으면 저희가 마땅히 그를 먼지같이 부수어 버리겠나이다."

부처님께서 이 경을 다 설하시니 일체 보살과 하늘·용·귀신·팔부 권속과 모든 천왕·범왕 등 일체 대중이 부처님의 말씀을 듣고 모두 크게 기뻐하며 믿고 받들어 행하였다.

원각경
역주와 해설

원각경 역주

1) 모든 경전은 '이와같이 내가 들었다〔如是我聞〕'로 시작되고, 육성취(六成就 : 信·聞·時·主·處·衆)를 갖추는 형식을 취한다. 원각경에서는 '이와 같이〔如是〕'가 신성취, '내가 들었다〔我聞〕'가 문성취, '한때〔一時〕'가 시성취, '바가바'가 주성취, '신통대광명장'이 처성취, '대보살마하살 십만인'이 중성취가 된다.

2) 바가바(婆伽婆) : 부처님의 다른 명호로서 Bhagavat의 음역이다. 바가바에는 자재·치성·단엄·명칭·길상·존귀·유덕(有德) 등 많은 뜻이 담겨 있으므로 의역을 하지 아니하였다. 다 법신을 가리키는 말이다.

3) 신통대광명장(神通大光明藏) : 원각경의 설법처로서 법성정토(法性淨土)를 가리킨다. 장(藏)은 함섭(含攝)과 출생(出生)의 의미가 있으며 각체(覺體)를 뜻한다.

4) 삼매(三昧) : 범어 samādhi를 음역한 것으로서, 정정(正定)·정수(正受) 등으로 의역된다. 마음을 한 곳에 모아 움직이지 않으므로 정(定)이라 하고, 관하는 법을 바로 받으므로 수(受)라 한다. 여기서는 범어의 음역인 삼매와 의역인 정수를 함께 써서 삼매정수라 하니, 삼매의 법미(法味)를 바로 수용한다는 의미이다. 신통대광명장에 드는 것

그대로가 삼매의 경지이다.

5) 근본자리 : 몸과 마음이 차별이 없으므로 적멸(寂滅)이라 하고, 높고 낮은 계위가 없으므로 평등(平等)이라 하며, 피차의 한계가 없으므로 근본자리〔本際〕라 한다.

6) 불이(不二) : 피차(彼此)의 상대가 끊어진 자리를 말한다.

7) 여래께서 중생의 본체를 여의지 아니하시고 중생들의 근기에 맞추어 나타내시는 국토가 불이의 청정국토이니, 이 정토는 법성정토이다.

8) 청법대중이 대보살마하살들이니, 원각경은 대승경전임을 알 수 있다.

9) 원각회상에 모인 십만 대중 가운데 우두머리가 되는 십이보살(十二菩薩)들이다. 원각경 법문은 문수보살을 비롯한 이 열두 보살들이 차례로 청법함에 의해 이루어졌다.

10) 문수사리(文殊師利)보살 : 문수사리는 Manjusri의 음역으로 묘길상(妙吉祥)·묘수(妙首) 등으로 번역된다. 문수보살은 보살 가운데 지혜가 가장 으뜸인 보살로 존숭되므로, 맨 먼저 여래의 인지법행을 청하여 청법대중들의 신해(信解)를 바르게 하고 있다.

11) 장궤(長跪)를 번역한 것이니, 두 무릎을 땅에 대고 몸을 반듯하게 세워 꿇어앉는 것을 말한다. 호궤(胡跪)의 일종으로서 공경하고 경건한 자세의 하나이다.

12) 경에서는 두 손을 마주 잡는다는 의미의 차수(叉手)로 되어 있다. 장궤차수(호궤합장)는 자리에서 일어나 부처님 발에 절하고 오른쪽으로 세 번 도는 것과 함께 다 법을 청하는 제자들이 가져야 할 위의이다.

13) 세존(世尊) : 부처님을 세존이라 함은 깨달으셔서 세간에서 가장 존귀하신 분일 뿐만 아니라, 깨달으신 그 법을 설하시어 중생을 구제하시기 때문이다. 그래서 설법하시는 세존은 대비하신 세존[大悲世尊]이시다.

14) 여래 : 범어 tathāgata를 번역한 말이다. 진리의 세계에서 오신 분, 진여의 세계로 가신 분, 진리 그 자체이신 분이라는 의미이다. 이처럼 원어는 여래(如來, tatha-agata)와 여거(如去, tathā-gata)의 두 가지 번역이 가능하나, 중생의 입장에서는 부처님께서 우리에게 오신 의미가 더 크므로 여래라 한다.

15) 인지법행(因地法行) : 부처님께서 성불하시기 전 발심하셨을 때 닦으신 행, 부처되게 하는 행이다.

16) 대승(大乘) : 범어 mahāyāna의 역어. 여기서는 원각경 법문을 뜻한다.

17) 오체를 땅에 대어 절하며[五體投地] : 두 팔과 두 다리 그리고 이마를 땅에 대고 하는 큰 절을 말한다.

18) 선남자(善男子) : 대승법을 믿는 신심 있는 남자를 가리키는 말로서 남녀를 다 지칭하는 대표어로 쓰이고 있다. 여기서는 문수보살을 가리키는 말이다.

19) 위없는 법왕[無上法王] : 법에 자재하여 더이상 위가 없기 때문에 무상법왕이라 하니, 부처님을 가리키는 말이다.

20) 대다라니문(大多羅尼門) : 다라니(dhāraṇī)는 총지(摠持)라 번역된다. 원각의 본체에는 한량없는 공덕을 구족하고 있기 때문에 원각을 대다라니문이라 하였다. 여기에 문(門)자를 붙인 것은 이 원각다라니가 일체 공덕을 내고 들이

기 때문이다.

21) 바라밀(波羅蜜) : 범어 pāramitā의 음역으로서 도피안(到彼岸)이라 번역되며 완성(完成)이라는 의미로도 쓰인다. 보살이 닦아가는 수행법으로서 육바라밀 또는 십바라밀이 있다.

22) 사대(四大) : 물질을 구성하는 지·수·화·풍(地水火風)의 네 가지 요소로서, 우리의 몸[肉身]은 이 사대로 이루어져 있다.

23) 육진(六塵) : 인식기관(眼耳鼻舌身意)으로 알 수 있는 대상, 즉 색·성·향·미·촉·법(色聲香味觸法)의 여섯 가지 경계. 육경(六境)이라고도 한다.

24) 윤전(輪轉) : 생사에 윤회하여 헤매임.

25) 여래장(如來藏) : tathāgata-garbha의 역어. 여래의 태(胎)로서, 중생에게 있는 여래가 될 수 있는 청정한 가능성. 진여가 번뇌 중에 있으므로 중생심을 여래장이라고 한다.

26) 보현보살(普賢菩薩) : 범어 Samantabhadra의 역어인 보현은 보변, 최선의 뜻이다. 문수보살과 함께 석가모니불을 모시는 협시보살로서, 문수보살이 사자를 타고 부처님의 왼편에서 모시며 지덕(智德)을 대표함에 비해 보현보살은 흰 코끼리[白象]를 타고 부처님의 오른편에서 모시며 특히 부처님의 행덕(行德) 또는 이덕(理德)을 대표한다. 여러 보살 가운데 상수보살로 받들린다.

27) 본각(本覺) : 우주법계의 근본 본체인 진여의 이체. 부처님의 본래의 깨달음. 시각(始覺)과 대비되는 말이다.

28) 사마타(奢摩他) : 범어 śamatha의 음역이다. 지(止), 적정(寂

靜), 능멸(能滅) 등이라 한역된다. 우리의 마음 가운데 일어나는 산란한 망념을 쉬고 마음을 한 곳에 머물게 하여 적정한 상태. 정(定)의 다른 이름이다.

29) 네 가지 인연[四緣] : 여기서는 4대(四大)를 가리킨다.

30) 육근(六根) : 모든 인식기관인 눈[眼根]·귀[耳根]·코[鼻根]·혀[舌根]·몸[身根]·뜻[意根]을 말한다.

31) 인연기운[緣氣]이란 육근이 외계를 상대하는 것을 말한다.

32) 십이처(十二處) : 모든 존재를 인식기관과 그 대상으로 분류한 6근(六根)과 6경(六境)을 말한다.

33) 십팔계(十八界) : 6근(六根)이 6경(六境)을 상대, 접촉하여 일어나는 정신 작용인 6식(六識, 眼耳鼻舌身意)을 12처와 합한 것이다.

34) 이십오유(二十五有) : 유(有)는 존재라는 뜻. 중생이 생멸 윤회하는 미(迷)의 존재를 25종으로 나눈 것이다.
즉, 지옥·아귀·축생·수라[四惡趣], 동불바제·남염부주·서구야니·북울단월[四洲], 사왕천·도리천·야마천·도솔천·화락천·타화자재천[六欲天], 초선천·범왕천·제이선천·제삼선천·제사선천·무상천·오나함천[色界], 공무변처천·식무변처천·무소유처천·비상비비상처천[無色界]. 이를 줄여서 삼계 육도라고 한다.

35) 십력(十力) : 부처님에게만 있는 열 가지 지혜의 힘(Daśa-bala). ①옳고 그름을 변별하는 지혜의 힘[處非處智力] ②선악의 업과 그 과보를 여실하게 아는 지혜의 힘[業果熟智力] ③선정과 해탈 등을 여실히 아는 지혜의 힘[禪定解脫智力] ④중생 근기의 상하 우열을 여실히 아는 지혜의

힘〔根上下智力〕 ⑤중생의 여러 가지 의욕 등을 여실히 아는 지혜의 힘〔種種勝解智力〕 ⑥중생계의 온갖 경계를 여실히 아는 지혜의 힘〔種種界智力〕 ⑦온갖 수행하여 나아가는 길을 여실히 아는 지혜의 힘〔遍趣行智力〕 ⑧중생의 숙명을 여실히 아는 지혜의 힘〔宿住隨念智力〕 ⑨중생들의 여기서 죽고 저기서 나는 미래를 여실히 아는 지혜의 힘〔死生智力〕 ⑩일체의 번뇌가 다한 것을 여실히 아는 지혜의 힘〔漏盡智力〕.

36) 사무소외(四無所畏) : 부처님에게 아무런 두려움이 없는 네 가지 측면. ①일체 지혜가 있는 분으로서의 두려움 없음〔一切智無所畏〕 ②일체 번뇌를 극복한 두려움 없음〔漏盡無所畏〕 ③수행에 장애되는 길을 설할 수 있는 두려움 없음〔說障道無所畏〕 ④괴로움을 다 멸하는 길을 설할 수 있는 두려움 없음〔說盡苦道無所畏〕.

37) 사무애지(四無碍智) : 사무애변(四無碍辯)이라고도 함. 네 가지 걸림없는 지혜 또는 변재. ①온갖 교법에 통달해서 걸림없는 법무애(法無碍) ②온갖 의리에 통달하여 걸림없는 의무애(義無碍) ③여러 가지 말을 알아 통달치 못함이 없는 사무애(辭無碍) ④온갖 교법을 알아 듣는 이가 듣기 좋아하는 것을 말하는데 자재한 요설무애변(樂說無碍辯).

38) 불십팔불공법(佛十八不共法) : 부처님만이 가지는 열여덟 가지 능력. 즉 십력과 사무소외와 삼념주(三念住, 중생이 부처를 신봉하거나 믿지 아니하여도 기뻐하거나 근심하는 마음을 일으키지 않고 바른 생각에 머무는 것)와 대비(大悲)를 말한다.

39) 삼십칠조도품(三十七助道品) : 열반의 이상경에 나아가기 위해 닦는 도행(道行)의 종류. 삼십칠도품 또는 37보리분법(三十七菩提分法)이라고도 한다.

(1) 4념처(四念處) : ①육신이 부정하다고 관하는 것〔身念處 : 觀身不淨〕②우리가 즐거움이라고 받아들이는 것도 참 낙이 아니고 모두 고통이라고 관하는 것〔受念處 : 觀受是苦〕③우리의 마음을 무상한 것이라고 관하는 것〔心念處 : 觀心無常〕④제법에 자아인 실체가 없다고 관하는 것〔法念處 : 觀法無我〕.

(2) 4정근(四正勤) : 4정단(四正斷)이라고도 함. ①이미 생긴 악(惡)을 없애려고 부지런함 ②아직 생기지 않은 악을 미리 방지하려고 부지런함 ③이미 생긴 선(善)을 더 증장시키려고 부지런함 ④아직 생기지 않은 선을 생기도록 부지런함.

(3) 4여의족(四如意足) : 사신족(四神足)이라고도 함. ①욕(欲) ②정진(精進) ③심(心) ④사유(思惟). 이 넷이 있어 자유자재한 신통이 일어나므로 4여의족이라 한다.

(4) 5근(五根) : 보리에 도달하기 위한 방법으로 유력한 5종의 향상기관. ①신근(信根) ②진근(進根) ③염근(念根) ④정근(定根) ⑤혜근(慧根).

(5) 5력(五力) : 보리에 도달하는 실천 방면의 기초적 덕목이 되는 다섯 가지. ①신력(信力) ②진력(進力) ③염력(念力) ④정력(定力) ⑤혜력(慧力).

(6) 7각분(七覺分) : 7각지(七覺支)라고도 함. 보리에 도달하기 위해 수행하는데, 지혜로써 참되고 거짓되고 선하고

악한 것을 살펴서 골라 내고 알아차리는 7가지. ①택법각
분(擇法覺分) ②정진각분(精進覺分) ③희각분(喜覺分) ④
제각분(除覺分) ⑤사각분(捨覺分) ⑥정각분(定覺分) ⑦염
각분(念覺分).

(7) 8정도(八正道) : 보리·열반에 이르는 완전한 수행법인
중도(中道)의 8가지 바른 길. ①정견(正見) ②정사유(正思
惟) ③정어(正語) ④정업(正業) ⑤정명(正命) ⑥정정진
(正精進) ⑦정념(正念) ⑧정정(正定).

40) 아승지(阿僧祇) : 범어 asaṁkhya의 음역. 무수(無數), 무앙
수(無央數)라 번역. 산수로 표현할 수 없는 큰 수의 하나
이다.

41) 항하사(恒河沙) : 항하의 모래. 헤아릴 수 없는 무수·무량
의 큰 수를 나타내는 말로 쓰인다.

42) 본래성불(本來成佛) : 일체 중생이 본래 그대로 부처라는
뜻. 만물이 일여한 견지에서는 중생이나 부처가 조금도
다르지 아니하고 같으므로, 깨닫고 보면 번뇌가 곧 보리
이고 중생이 곧 부처이다. 그러므로 중생의 심성이 본래
부처라는 것이다.

43) 세 가지 미혹[三惑] : 금강장보살이 세존께 말씀드린 세 가
지 잘못된 질문의 내용을 가리킨다. 즉, 첫째는 만약 중생
들이 본래성불이라면 어찌하여 다시 온갖 무명이 있습니
까? 둘째는 만약 모든 무명이 중생에게 본래 있다면 무슨
인연으로 여래께서는 다시 본래성불이라고 하십니까? 셋
째는 시방에 있는 중생들이 본래 불도를 이루고 후에 무
명을 일으킨다면 일체 여래께서는 어느 때 다시 번뇌를

내시게 됩니까?

44) 무생인(無生忍) : 무생법인(無生法忍)의 준말. 불생불멸한 진여 법성을 인지하고 거기에 안주하여 움직이지 않는 것.

45) 난생(卵生) : 4생(四生)의 하나. 알에서 태어나는 것. 새나 오리 등.

46) 태생(胎生) : 4생의 하나. 모태 안에서 사지가 갖추어져 출생하는 것. 사람이나 소 등.

47) 습생(濕生) : 4생의 하나. 습기로 나는 생물. 모기나 깔따귀 등.

48) 화생(化生) : 자체가 없으며 의탁할 데 없이 홀연히 생겨나는 것. 모든 천상이나 지옥에 나는 생물 등.

49) 오성(五性) : 일반적으로는 유식종에서 구별하는 바, 중생의 성품에 보살정성·연각정성·성문정성·부정성·무성의 5종이 있다는 오성을 말한다. 그러나 여기서는 외도·성문·연각·보살·여래를 가리킨다.

50) 동사(同事) : 4섭(四攝)의 하나인 동사섭을 말함. 불보살이 중생의 근기에 따라 몸을 나타내되 그들과 고락화복을 함께함으로써 진리의 길로 이끌어 들이는 것을 말한다.

51) 수순하는 지혜〔隨順智〕 : 번뇌를 끊는 무루지(無漏智)를 말한다.

52) 원음(圓音) : 부처님의 음성을 말하며 일음(一音)이라고도 한다.

53) 경안(輕安) : 몸과 마음〔身心〕이 유연하여 가볍고 편안함.

54) 삼마발제(三摩鉢提) : 범어 samāpatti의 음역. 정(定)의 일명

(一名). 등지(等至)라 번역. 등(等)은 정력(定力)에 의해 혼침과 도거의 번뇌를 여의고 마음이 평등·평정함을 말함. 정(定)의 힘이 이런 상태에 이르게 하므로 지(至)라고 한다.

55) 선나(禪那) : 범어 dhyāna의 음역. 선(禪)이라 약칭. 정려· 사유수·정(定)이라 번역한다.

56) 조어(調御) : 중생을 조복하고 제어한다는 뜻에서 부처님 을 가리키는 말로 쓰인다.

57) 네 가지 상〔四相〕 : 아상(我相)·인상(人相)·중생상(衆生相)·수자상(壽者相).

58) 유위(有爲) : 인연으로 조작되는 모든 현상(saṃskṛta). 이런 현상에는 반드시 생주이멸의 형태가 있다.

59) 네 위의〔四威儀〕 : 행(行)·주(住)·좌(坐)·와(臥). 일상 생활에 있어서의 온갖 몸짓(4종)이 부처님의 계에 꼭 들 어맞는 행동을 말한다.

60) 보살승(菩薩乘) : 3승(성문승·연각승·보살승)의 하나. 성 불을 구경목표로 하는 보살들이 수행하는 법문, 또는 그 보살들을 의미한다.

61) 평등성지(平等性智) : 일체 모든 법의 평등일여한 이성을 관하고 차별심을 여의어 대자대비를 일으키며, 보살을 위 하여 갖가지로 교화하여 이익케 하는 지혜.

62) 삼관(三觀) : 사마타(奢摩他)·삼마발제(三摩鉢提)·선나(禪 那).

63) 말세 : 사람의 마음이 어지럽고 여러 가지 죄악이 성행하 는 시대.

64) 십이부경(十二部經) : 부처님의 교설을 그 경문의 성질과
형식 등으로 구분하여 열둘로 나눈 것. 십이분경(十二分
經)이라고도 한다.
①수다라(修多羅, sūtra) : 계경(契經)이라 번역. 경전 중에
바로 법의(法義)를 설한 장항(長行)의 산문.
②기야(祇夜, geya) : 중송(重頌)·응송(應頌)이라고 번역.
산문체 경문의 뒤에 그 내용을 운문으로써 노래한 것.
③가타(伽陀, gāthā) : 풍송(諷頌) 또는 고기송(孤起頌)이라
번역. 장항(長行)에 의하지 않고 바로 게송으로 설한 것.
④니다나(尼陀那, nidāna) : 인연(因緣)이라 번역. 부처님의
설법교화의 인연을 설한 것.
⑤이데왈다가(伊帝曰多伽, itivṛtaka) : 본사(本事)라 번역.
불제자들의 과거세 인연을 설한 것.
⑥사타가(闍陀伽, jātaka) : 본생(本生)이라 번역. 부처님의
과거세 인연을 설한 경문.
⑦아부타달마(阿浮陀達摩, adbhuta-dharma) : 미증유(未曾有)
라고 번역. 부처님께서 여러 가지 신통력을 나타내시는
것을 말한 경문.
⑧아바타나(阿波陀那, avadāna) : 비유(譬喩)라고 번역. 경
전 중 비유를 설한 경문.
⑨우바데사(優波提舍, upadeśa) : 논의(論義)라고 번역. 교
법의 의리를 논의 문답한 경문.
⑩우타나(優陀那, udāna) : 무문자설(無問自說)이라고 번역.
묻는 이 없는데 부처님께서 스스로 말씀하신 경문.
⑪비불략(毘佛略, vaipulya) : 방광(方廣)이라 번역. 방정(方

正)·광대(廣大)한 진리를 말한 경문.

⑫화가라(和伽羅, vyākaraṇa) : 수기(授記)라고 번역. 제자의 다음 세상에 날 곳을 예언하거나 보살에게 성불의 수기를 주는 경문.

이 12부 가운데 수다라와 기야와 가타는 경문 상의 체재이고, 나머지 9부는 경문에 실린 내용을 따라 이름 붙여진 것이다.

65) 유순(由旬) : 범어 yojana의 음사. 인도 잇수(里數)의 단위. 성왕(聖王)의 하루 동안의 행정(行程). 40리(혹은 30리)에 해당. 대유순(80리)·중유순(60리)·소유순(40리)이 있으며, 1리도 시대에 따라 그 장단이 같지 않다. 1유순은 대략 6마일의 22분의 3에 해당한다고 한다.

원각경 해설
—원각과 본래성불—

1. 경의 제목

원각경의 갖춘 이름은 대방광원각수다라요의경(大方廣圓覺修多羅了義經 Mahā-vaipulya-pūrnabuddha-sūtra-prasannārtha sūtra)이다.

대방광원각(大方廣圓覺)은 경의 내용이며 수다라요의경(修多羅了義經)은 대방광원각을 담고 있는 언교(言敎)이다.

먼저 대방광은 원각의 체(體)·상(相)·용(用)을 가리키는 말이다. '대(大)'란 원각의 체가 커서 두루하지 않는 곳이 없으므로 대라 한다. '대'에도 체대(體大)·상대(相大)·용대(用大)의 세 가지 의미가 있다. 체대란 자성 원각의 체성이 구경에 원만함이요, 상대란 원각에 항하사 청정 공덕상이 본래 갖추어 있음이요, 용대란 원각이 일체 사법(事法)을 성취하여 거체수연(擧體隨緣)함을 말한다.

'방(方)'이란 방정(方正)하여 갖추어지지 않는 것이 없으므로 방이라 한다. '방'에도 세 가지 의미가 있다. 방은 정(正)으로서 그침[止]에 의하니, 마음을 제어하여 그치는 제지(制止)로 일체 허망경계를 여읜다. 마음을 편안히 하여 그치는 안지(安止)로 관문을 수습하여 흩어진 마음을 거두어 정(正)으로 돌아간다. 두 가지를 다 그치는 쌍지(雙止)에 의해 시비가 다하고 능소를 모두 잊어버리는 것이 공적함이다.

'광(廣)'은 광대하여 활용되지 않는 일이 없어 묘용이 구족함을 광이라 한다. 이 '광'도 자리행(自利行)이 광대하고, 이타행이 광대하며, 나와 남이 평등하여 원융한 세 가지 의미를 포함하고 있다.

'원(圓)'은 대방광의 덕을 구비한 까닭에 그 본체에다 원각이라는 명칭을 부여하고 있다. 내가 깨친 자각(自覺)이 두렷하고, 다른 이를 깨치게 하는 각타(覺他)가 두렷하며, 구경각(究竟覺)이 두렷하다. 그리하여 원각자성을 증득하여도 증득한 바 없고 중생을 교화하여도 교화한 바 없는 것이 원이다.

'각(覺)'에는 자성각체인 본각과 내가 깨친 시각과 본각·시각이 둘이 아닌 구경각이 있다. 이에 자각과 각타가 원만하여 도로 본각과 같음이 원각이다. 이를 아뇩다라삼먁삼보리라 한다. 아뇩다라(無上)가 대이고, 삼먁(正徧)이 방광이며 삼보리(正覺)가 원각이다. 내가 능히 증득한 마음과 증득할 바의 마음이 있으면 참으로 증득한 것이 되지 못한다. 즉, 이 경은 일체 중생의 본래성불(本來成佛)을 바로 드러내므로 원각이라 하는 것이다.

다음 수다라(修多羅)는 계리(契理) 또는 계기(契機)의 계경(契經)이요, 요의(了義)는 대승 궁극의 경전임을 표방한 것이다. 그리고 경은 수다라의 번역어로서 동일 의미이다.

이 경은 대방광원각경, 원각요의경, 원각수다라요의경이라고도 불리며 원각경이라 약칭하여 널리 유통되고 있다.

2. 경의 성립과 유통

원각경은 북인도 계빈국 고승인 불타다라(佛陀多羅 : 覺救)에 의해 A.D. 693년에 번역된 것이다.

그러나 이 원각경의 역자와 번역연대에 대해서는 이설이 많다. 경의 제목에 경[sūtra]이 수다라(sūtra)와 함께 중복 사용되어 있으며, 당(唐)시대에는 규봉종밀(圭峰宗密)이 주석한 것 이외는 내용이 명확하지 않으며, 내용상 의위(疑僞)의 경론으로 의문시되는 능엄경과 기신론에 의거하는 바가 많다. 그러므로 중국 당 초기의 위찬(僞撰)이 아닌가 간주되고 있다. 이미 송대로부터 위망설(僞妄說)이 대두되었음도 볼 수 있다.

그런데 이 경은 중국과 한국에서 주요 경전으로 크게 유통되어 왔다. 원각경의 주석서로서는 함허득통(涵虛得通)의 원각경설의(圓覺經說誼), 규봉종밀(圭峰宗密)의 원각경대소(圓覺經大疏)·대소초(大疏鈔)·약소(略疏)·약소초(略疏鈔)

등이 대표적이다. 국역도 여러 차례 이루어졌으니, 조선시대 간경도감(刊經都監)에서 간행한 원각경언해(圓覺經諺解)를 효시로 하여 한글대장경 등 다양한 한글 번역본이 유통되고 있다.

3. 경의 대의와 사상

원각경은 문수보살을 비롯한 열두 보살이 부처님과의 문답을 통해 무명을 끊고 불성을 드러내어〔斷無明顯佛性〕 본래성불인 원각수행의 계점을 보이고 있다. 이러한 원각경 12장의 내용을 요약하면 다음과 같다.

먼저 서분을 살펴보면 한때 부처님께서 신통대광명장에 드셔서 모든 정토를 나투시어 대보살마하살 십만 인과 함께하셨다. 그 가운데 문수사리보살을 위시한 열두 보살이 으뜸이 되어 여러 권속들과 함께 여래의 평등한 법회에 함께하였다.

제1 문수보살장(文殊菩薩章)에서는 문수보살이 법회 대중을 위하여 부처님께서 닦으신 여래의 인지법행(因地法行)을 설해 주시길 간청하였다. 그리고 보살들이 대승에 청정한 마음을 일으켜 모든 병을 여의는 방법을 설하시어, 말세 중생들이 사견에 떨어지지 않게 해 주시길 청하였다. 이에 부처님께서 다음과 같이 말씀하셨다.

위없는 법왕에게 대다라니문이 있으니 이름이 원각이다.

이 원각이 일체의 청정한 진여·보리·열반과 바라밀을 보이니, 모든 부처님께서 인지(因地)에서 청정각상을 원만히 비춤에 의하여 영원히 무명을 끊고 불도를 이루셨다.

무엇이 무명인가? 어리석은 이가 사대와 육진의 반연된 그림자를 자기의 몸과 마음이라고 잘못 알고 있으니, 마치 눈병난 사람이 허공꽃〔空中花〕이나 제이월(第二月)을 보는 것과 같다. 허공에는 실제로 꽃이 없는데 눈병 때문에 망령되이 집착하는 것이다. 이처럼 망집으로 인하여 생사에 윤회하게 되는 것이 무명이다.

일체 중생이 남이 없는 가운데 허망하게 생멸을 봄으로 생사에 헤맨다고 한다. 여래의 인지에서 원각을 닦는 이가 공화인 줄 알면 윤회도 없고 몸과 마음이 생사를 받음도 없다. 본성이 없기 때문이다. 원각의 성품은 평등하여 부동하니 생사와 열반이 다 허공꽃이다. 법계의 성품은 구경에 원만하여 시방에 두루하니 이를 인지법행(因地法行)이라 한다. 이에 의해 보살이 청정한 마음을 일으키니, 말세 중생이 이를 의지하여 수행하면 사견에 떨어지지 아니할 것이다.

제2 보현보살장(普賢菩薩章)에서는 보현보살이 부처님께 이 원각의 청정한 경계를 듣고 어떻게 수행하여야 하는지 여쭈었다. 부처님께서 이러한 중생들이 온갖 환을 여일 수 있는 방편 점차에 대하여 다음과 같이 말씀하셨다.

중생의 갖가지 환화가 모두 여래의 원각묘심에서 나왔으니 마치 허공꽃이 허공에서 생긴 것과 같다. 중생의 환의 마음이 환에 의해 사라지나 본각의 마음은 요동하지 않는다. 그러므로 환이 멸함을 부동이라 한다. 따라서 환인줄 알면 곧 여읜지라 방편을 짓지 않고, 환을 여의면 곧 깨달음이라 점차도 없다. 이에 의해 수행하여야 모든 환을 영원히 여읠 것이다.

제3 보안보살장(普眼菩薩章)에서는 보안보살이 부처님께 어떻게 사유 주지하며 무슨 방편을 지어야 깨달을 수 있는지 수행방편을 여쭈었다. 이에 여래의 청정한 원각의 마음을 구하고자 한다면 바른 생각으로 모든 환을 멀리 여의어야 하니, 먼저 사마타(奢摩他)행에 의하여 금계를 굳게 지니고 사대로 화합된 이 몸은 필경에 실체가 없고 환이나 허깨비와 같은 줄 깨달아야 함을 말씀하셨다. 사대와 육근이 합쳐 이룬 뒤에 허망하게도 인연기운이 그 가운데 쌓여 인연의 모습이 있는 듯하게 되니 이를 가명으로 마음이라 한다. 그러므로 인연과 사대 육근이 없어지면 필경 마음도 볼 수 없다. 보살과 말세 중생들이 온갖 환을 증득하여 영상을 멸하면 끝없는 청정을 얻으리니, 환은 멸하고 환 아닌 것은 멸하지 않는다. 끝없는 허공이 각에서 나타난 것이다.

원각이 널리 비치어 적멸이 둘이 없으니 그 가운데 모든 부처님 세계가 속박도 아니고 해탈도 아니다. 중생이 본래 성불이며 생사와 열반이 지난 밤 꿈과 같다. 증득함도 없고 증득하는 이도 없어서 일체 법의 성품이 평등하다. 보살들이 이같이 수행하고 사유하며 주지하고 방편을 쓰며 깨달아야 한다.

제4 금강장보살장(金剛藏菩薩章)에서는 금강장보살이 부처님께 다음과 같이 여쭈었다. 만약 중생이 본래성불이라면 어찌하여 다시 온갖 무명이 있습니까? 만약 모든 무명이 중생에게 본래 있다면 무슨 인연으로 여래께서는 다시 본래성불이라고 말씀하십니까? 시방에 있는 다른 중생들이 본래 불도를 이루고 후에 무명을 일으킨다면, 일체 부처님께서는 언제 다시 번뇌를 내게 됩니까?

그때 세존께서 금강장보살에게 말씀하셨다.

모든 부처님의 묘한 원각의 마음은 본래 보리와 열반이 없으며, 성불과 성불하지 못함이 없으며, 망령된 윤회와 윤회가 아닌 것도 없다. 그런데 윤회에서 벗어나지 않은 때문은 마음이 원각을 변별하면 뒤바뀌어 그 원각성(圓覺性)이 유전하게 되므로 위와 같은 미혹을 일으킨다. 그러므로 먼저 윤회의 근본을 끊어야 한다.

지음이 있는 사유는 유위의 마음[有心]에서 일어나는 것이니 모두 다 육진의 망상 인연 기운이요, 실제 마음의 체는 아니다. 이미 허공꽃과 같으니 이같이 사유해서 부처님 경계를 분별한다면, 마치 허공꽃에다 허공과일을 맺는 것과 같아서 망상만 점점 더해질 뿐이고 옳지 못하다. 허망한 들뜬 마음이 공교한 견해가 많아서 원각방편을 성취하지 못하리니, 이와 같은 분별은 바른 물음이 아니다. 이처럼 부처님께서 미혹의 본질을 밝혀 주고 계신다.

제5 미륵보살장(彌勒菩薩章)에서는 미륵보살이 어떻게 윤회의 근본을 끊어야 하는지 여쭈었다. 이에 부처님께서 중생이 생사를 벗어나고 윤회를 면하고자 한다면, 먼저 탐욕을 끊고 갈애를 없애야 한다고 말씀하셨다. 모든 중생들이 옛부터 여러 가지 은애(恩愛)와 탐욕이 있는 까닭에 윤회가 있기 때문이다. 일체 종성인 난생·태생·습생·화생이 다 음욕을 인해서 성명(性命)을 세우니, 윤회는 애(愛)가 근본이 된다. 온갖 욕(欲)이 애(愛)의 성품이 일어나도록 도와서 생사가 상속케 한다. 그러므로 일체 중생들이 능히 온갖 욕을 버리고 증애(憎愛)를 없애서 영원히 윤회를 끊고 여래의 원각경계를 힘써 구하면 모두 깨달을 것이다.

제6 청정혜보살장(淸淨慧菩薩章)에서는 청정혜보살이 법왕의 원만한 각성을 거듭 말씀해 주시길 청하였다. 일체 중생과 모든 보살들과 여래 세존의 증득하는 바와 얻는 바가 어떻게 차별하며, 말세 중생들이 이 성스러운 가르침을 듣고 어떻게 수순개오하여 점차 들어갑니까?

세존께서는 이러한 수행의 계위에 대하여 원만한 보리의 성품은 취할 것도 없고 증득할 것도 없으며 보살과 중생도 없음을 거듭 말씀하셨다.

깨닫고 깨닫지 못할 때에 점차 차별이 있으니 중생은 견해가 장애되고, 보살은 깨달음을 여의지 못하며, 지(地)에 들어간 이는 영원히 적멸하여 일체상에 머물지 않으며, 대각은 다 원만하여 두루 수순함이 된다. 말세의 중생들이 마음에 허망함을 내지 않으면 현세에 곧 보살이니, 항하사 부처님께 공양하여 공덕이 이미 원만한 것이다.

제7 위덕자재보살장(威德自在菩薩章)에서는 일체의 방편

점차와 아울러 수행하는 사람이 모두 몇 종류가 있는지 말씀해 주시길 청하였다.

이에 세존께서 사마타와 삼마발제와 선나의 삼종 관행법을 말씀하셨다.

보살들이 청정한 원각의 마음으로 고요함을 취하여 수행을 삼는다. 망념이 맑아진 까닭에 고요한 지혜가 생겨나서 몸과 마음의 객진(客塵)이 이로부터 영원히 소멸하므로 안으로 적정한 경안(輕安)을 일으킨다. 적정(寂靜)을 말미암아 시방세계의 모든 여래의 마음이 그 가운데 나타남이 거울 속의 영상과 같은 이 방편은 사마타(奢摩他)이다.

보살들이 청정한 원각의 마음으로 심성(心性)과 근진(根塵)이 다 환화(幻化)로 인한 것임을 지각하고, 곧 온갖 환(幻)을 일으켜서 환인 것을 제거하며 온갖 환을 변화하여 환의 무리를 깨우쳐 주면, 환을 일으키는 까닭에 안으로 대비(大悲)의 경안을 일으킨다. 보살들이 이로부터 수행을 일으켜 점차 증진하니, 그러한 묘한 수행은 흙이 싹을 자라게 하는 것과 같다. 이 방편은 삼마발제(三摩鉢提)이다.

보살들이 청정한 원각의 마음으로 환화(幻化)와 고요한 모습들에 취착하지 않으면, 몸과 마음이 다 걸림이 되는 줄 분명히 알며 지각없는 명(明)은 온갖 장애에 의지하지 아니하여 장애와 장애없는 경계를 영원히 초과한다. 수용하는 세계와 몸과 마음이 서로 티끌 세상에 있으나, 마치 그릇 속의 쇠북소리가 밖으로 나가는 것 같이, 번뇌와 열반이 서로 걸리지 않고 안으로 적멸의 경안을 일으킨다. 묘각이 수순하는 적멸의 경계는 나와 남의 몸과 마음으로 미치지 못하는 바이다. 이 방편은 선나(禪那)이다.

제8 변음보살장(辯音菩薩章)에서는 이 모든 방편을 몇 가지로 닦아 익혀야 되는지 질문한 변음보살에게, 사마타와 삼마발제와 선나의 세 가지 법을 돈·점과 단·복수로 닦아 익히는 이십오종(二十五種)의 관법을 말씀하셨다.

제9 정제업장보살장(淨諸業障菩薩章)에서는 만일 원각의 마음이 본성이 청정하다면 무엇 때문에 더럽혀져서 중생들이 미혹하여 들어가지 못하게 되는지 여쭈었다.

이는 일체 중생이 옛부터 망상으로 아상·인상·중생상·수명상이 있다고 집착하여 실아(實我)의 체로 삼아서, 미움과 사랑의 두 경계를 내고 허망한 업의 길을 내는 것이다. 그러므로 사상(四相)을 제하여 보리를 이루도록 말씀하셨다.

제10 보각보살장(普覺菩薩章)에서는 말세의 중생들이 어떤 사람을 구하며, 어떤 법에 의지하며, 어떤 행을 행하며, 어떤 병을 제거하며, 어떻게 발심케 하여야 사견에 떨어지지 않게 되는지 여쭈었다. 말세 중생이 장차 큰 마음(大心)을 일으키어 선지식을 구해 수행하고자 하는 이는 마땅히 바른 지견의 사람을 구하여야 한다. 마음이 상(相)에 머무르지 아니하고 항상 청정하며, 범행(梵行)을 찬탄하여, 중생들이 율의(律儀) 아닌 데 들어가지 않게 하여야 한다. 그 선지식이 증득한 묘한 법은 작병(作病)·지병(止病)·임병(任病)·멸병(滅病) 등 네 가지 병(四病)을 여의어야 함을 부처님께서 말씀하셨다.

제11 원각보살장(圓覺菩薩章)에서는 부처님께서 입멸하신 후 말세 중생으로서 깨달음을 얻지 못한 이는 어떻게 안거(安居)하여 이 원각의 청정한 경계를 닦아야 하며, 이 원각 중 세 가지 청정한 관(觀)에서는 어느 것으로 으뜸을 삼아야 하는지 여쭈었다.

이에 백이십 일·백 일·팔십 일 등 삼기의 기한을 정하여 도량을 건립하고 업을 참회하며 사유하도록 하니, 모든 업장이 녹아 멸하면 부처 경계가 현전하리라고 말씀하셨다.

제12 현선수보살장(賢善首菩薩章)에서는 이 경은 십이부경(十二部經)의 청정한 안목으로서 이름이 대방광원각다라니(大方廣圓覺陀羅尼)이며, 또한 수다라요의(修陀羅了義)·비밀왕삼매(祕密王三昧)·여래결정경계(如來決定境界)·여래장자성차별(如來藏自性差別)이다. 그리고 이를 의지하여 수행하면 점차 증진하여 부처의 경지[佛地]에 이르리라고 경의 유통 공덕을 말씀하셨다.

이상과 같은 12장의 핵심 내용을 전통적으로 다음과 같이 파악해 오기도 하였다.

①문수보살이 천진을 요달하다〔文殊達天眞〕.

②보현보살이 연기를 밝히다〔普賢明緣起〕.

③보안보살이 관행을 묻다〔普眼問觀行〕.

④금강장보살이 세 가지 미혹을 분별하다〔剛藏辨三惑〕.

⑤미륵보살이 윤회를 끊다〔彌勒斷輪廻〕.

⑥청정혜보살이 수증의 계위를 나누다〔淨慧分證位〕.

⑦위덕자재보살이 세 가지 관을 일으키다〔威德起三觀〕.

⑧변음보살이 홑과 겹으로 닦다〔辯音修單複〕.

⑨정제업장보살이 네 가지 상을 없애다〔淨業除四相〕.

⑩보각보살이 네 가지 병을 여의다〔普覺離四病〕.

⑪원각보살이 세 기한에 참회하다〔圓覺三期懺〕.

⑫현선수보살이 경의 유통을 간청하다〔賢善請流通〕.

大方廣圓覺修多羅了義經

大唐罽賓三藏佛陀多羅譯

如是我聞하사오니 一時에 婆伽婆께서 入於神通大光明藏하시어 三昧正受하시니 一切如來의 光嚴住持며 是諸衆生의 淸淨覺地며 身心寂滅하여 平等本際니라. 圓滿十方하여 不二隨順하시며 於不二境에 現諸淨土하시어 與大菩薩摩訶薩十萬人俱하시니라. 其名曰 文殊師利菩薩과 普賢菩薩과 普眼菩薩과 金剛藏菩薩과 彌勒菩薩과 淸淨慧菩薩과 威德自在菩薩과 辯音菩薩과 淨諸業障菩薩과 普覺菩薩과 圓覺菩薩과 賢善首菩薩等이 而爲上首하여 與諸眷屬으로 皆入三昧하여 同住如來平等法會하니라.

文殊菩薩章 第一

於是에 文殊師利菩薩이 在大衆中하다가 卽從座起하여 頂

禮佛足하며 右遶三匝하고 長跪叉手하고 而白佛言하니라. 大
悲世尊이시여 願爲此會에 諸來法衆하시어 説於如來의 本起
清淨한 因地法行하소서 及説菩薩이 於大乘中에 發清淨心하
여 遠離諸病하시어 能使未來末世衆生의 求大乘者로 不墮邪
見케하소서 作是語已하고 五體投地하며 如是三請하여 終而復
始하니라.

爾時에 世尊께서 告文殊師利菩薩言하시되 善哉善哉라 善
男子여 汝等이 乃能爲諸菩薩하여 諮詢如來의 因地法行하며
及爲末世一切衆生의 求大乘者하여 得正住持하여 不墮邪見
케하니 汝今諦聽하라 當爲汝説하리라 時에 文殊師利菩薩이 奉
教歡喜하며 及諸大衆으로 默然而聽하니라.

善男子여 無上法王이 有大陀羅尼門하니 名爲圓覺이라 流
出一切清淨한 眞如와 菩提와 涅槃과 及波羅蜜하여 教授菩
薩하나니 一切如來의 本起因地에 皆依圓照清淨覺相하여 永
斷無明하고 方成佛道시니라 云何無明인가 善男子여 一切衆
生이 從無始來로 種種顚倒함이 猶如迷人이 四方易處인듯하여
妄認四大하여 爲自身相하며 六塵緣影으로 爲自心相하니라.
譬彼病目이 見空中花와 及第二月하니라 善男子여 空實無花
이거늘 病者妄執하나니 由妄執故로 非唯惑此虛空自性이라 亦
復迷彼實花生處하니라. 由此妄有輪轉生死니 故名無明이니
라 善男子여 此無明者는 非實有體함이 如夢中人이 夢時非
無나 及至於醒하여서는 了無所得이며 如衆空花가 滅於虛空이

나 不可說言有定滅處니라. 何以故오 無生處故니라 一切衆
生이 於無生中에 妄見生滅이니 是故로 說名輪轉生死니라 善
男子여 如來因地에 修圓覺者가 知是空花하면 卽無輪轉이며
亦無身心이 受彼生死니 非作故無라 本性無故니라 彼知覺
者도 猶如虛空하며 知虛空者도 卽空花相이로되 亦不可說無
知覺性이니 有無俱遣하면 是則名爲淨覺隨順이니라 何以故오
虛空性故며 常不動故며 如來藏中에 無起滅故며 無知見故
며 如法界性이 究竟圓滿하여 徧十方故니 是則名爲因地法
行이니라 菩薩이 因此하여 於大乘中에 發淸淨心하나니 末世衆
生이 依此修行하면 不墮邪見하리라

　　爾時에 世尊께서 欲重宣此義하시어 而說偈言하시니라

文殊여 汝當知하라　　一切諸如來께서
從於本因地하여　　皆以智慧覺으로
了達於無明하시니라　知彼如空花하면
卽能免流轉이며　　又如夢中人을
醒時不可得이니라　覺者如虛空하여
平等不動轉하니　　覺徧十方界하면
卽得成佛道하리라　衆幻滅無處하며
成道亦無得하니　　本性圓滿故니라
菩薩於此中에　　能發菩提心하나니
末世諸衆生도　　修此免邪見하리라

普賢菩薩章 第二

於是에 普賢菩薩이 在大衆中하다가 即從座起하여 頂禮佛足하며 右遶三匝하고 長跪叉手하고 而白佛言하니라 大悲世尊이시여 願爲此會의 諸菩薩衆하시며 及爲末世一切衆生의 修大乘者하소서 聞此圓覺淸淨境界하고 云何修行하리이까 世尊이시여 若彼衆生이 知如幻者이면 身心亦幻이거늘 云何以幻으로 還修於幻이니까 若諸幻性이 一切盡滅이면 則無有心이거니 誰爲修行이며 云何復說修行如幻이리까 若諸衆生이 本不修行이면 於生死中에 常居幻化하여 曾不了知如幻境界하리니 令妄想心으로 云何解脫케하리이까 願爲末世一切衆生하소서 作何方便하여 漸次修習하여야 令諸衆生으로 永離諸幻케하리이까 作是語已하고 五體投地하여 如是三請하여 終而復始하니라

爾時에 世尊께서 告普賢菩薩言하시되 善哉善哉라 善男子여 汝等이 乃能爲諸菩薩과 及末世衆生의 修習菩薩如幻三昧하는 方便漸次하여 令諸衆生으로 得離諸幻케하니 汝今諦聽하라 當爲汝說하리라 時에 普賢菩薩이 奉敎歡喜하며 及諸大衆으로 默然而聽하니라

善男子여 一切衆生의 種種幻化가 皆生如來의 圓覺妙心함이 猶如空花가 從空而有하니라 幻花雖滅이나 空性不壞하나니 衆生幻心도 還依幻滅이나 諸幻盡滅하여도 覺心不動이니라 依幻說覺도 亦名爲幻이요 若說有覺이라도 猶未離幻이며 說

無覺者도 亦復如是니 是故幻滅을 名爲不動이니라 善男子여 一切菩薩과 及末世衆生이 應當遠離一切幻化인 虛妄境界니 由堅執持遠離心故로 心如幻者도 亦復遠離하며 遠離爲幻도 亦復遠離하며 離遠離幻도 亦復遠離하여 得無所離하면 卽除諸幻하리라 譬如鑽火에 兩木相因하여 火出木盡하면 灰飛煙滅이니라 以幻修幻도 亦復如是하여 諸幻雖盡이나 不入斷滅이니라 善男子여 知幻卽離라 不作方便이요 離幻卽覺이라 亦無漸次니라 一切菩薩과 及末世衆生이 依此修行이니 如是乃能永離諸幻하리라

爾時에 世尊께서 欲重宣此義하시어 而說偈言하시니라

普賢汝當知하라　一切諸衆生의
無始幻無明이　　皆從諸如來의
圓覺心建立이니라 猶如虛空華가
依空而有相이다가 空華若復滅하여도
虛空本不動이듯이 幻從諸覺生이다가
幻滅覺圓滿이니　覺心不動故니라
若彼諸菩薩과　　及末世衆生이
常應遠離幻하면　諸幻悉皆離하리니
如木中生火에　　木盡火還滅이니라
覺則無漸次며　　方便亦如是니라

普眼菩薩章 第三

於是에 普眼菩薩이 在大衆中하다가 即從座起하여 頂禮佛足하며 右遶三匝하고 長跪叉手하고 而白佛言하니라 大悲世尊이시여 願爲此會의 諸菩薩衆하시며 及爲末世一切衆生하시어 演説菩薩의 修行漸次하소서 云何思惟하며 云何住持하리이까 衆生이 未悟하면 作何方便하여야 普令開悟하리이까 世尊이시여 若彼衆生이 無正方便과 及正思惟하면 聞佛如來의 説此三昧하고 心生迷悶하여 即於圓覺에 不能悟入하리니 願興慈悲하시어 爲我等輩와 及末世衆生하시어 假説方便하소서 作是語已하고 五體投地하며 如是三請하여 終而復始하니라

爾時에 世尊이 告普眼菩薩言하시니라 善哉善哉라 善男子여 汝等이 乃能爲諸菩薩과 及末世衆生하여 問於如來의 修行漸次와 思惟住持와 乃至假説種種方便하니 汝今諦聽하라 當爲汝説하리라 時에 普眼菩薩이 奉教歡喜하며 及諸大衆으로 默然而聽하니라

善男子여 彼新學菩薩과 及末世衆生이 欲求如來의 淨圓覺心하면 應當正念으로 遠離諸幻이니 先依如來의 奢摩他行하여 堅持禁戒하고 安處徒衆하거나 宴坐靜室하여 恒作是念하라 我今此身은 四大和合이라 所謂髮毛爪齒와 皮肉筋骨과 髓腦垢色은 皆歸於地하고 唾涕膿血과 津液涎沫과 痰淚精氣와 大小便利는 皆歸於水하고 暖氣歸火하고 動轉歸風하니라

四大各離하면 今者妄身은 當在何處오 卽知此身이 畢竟無
體거늘 和合爲相이 實同幻化로다 四緣假合하여 妄有六根하니
六根四大가 中外合成이거늘 妄有緣氣가 於中積聚하여 似有
緣相이니 假名爲心이니라 善男子여 此虛妄心은 若無六塵이면
則不能有며 四大分解하면 無塵可得이니 於中緣塵이 各歸散
滅하면 畢竟無有緣心可見이니라 善男子여 彼之衆生이 幻身
滅故로 幻心亦滅하며 幻心滅故로 幻塵亦滅하며 幻塵滅故로
幻滅亦滅하며 幻滅滅故로 非幻不滅하니라 譬如磨鏡에 垢盡
明現이니라 善男子여 當知身心이 皆爲幻垢니 垢相永滅하면
十方淸淨하리라 善男子여 譬如淸淨摩尼寶珠가 映於五色하
여 隨方各現하면 諸愚癡者는 見彼摩尼에 實有五色하니라 善
男子여 圓覺淨性이 現於身心하여 隨類各應하면 彼愚癡者는
說淨圓覺에 實有如是身心의 自相도 亦復如是하니라 由此不
能遠於幻化니 是故로 我說身心幻垢라하노라 對離幻垢하여
說名菩薩이니 垢盡對除하면 卽無對垢와 及說名者니라 善男
子여 此菩薩과 及末世衆生이 證得諸幻하여 滅影像故로 爾
時에 便得無方淸淨하리라 無邊虛空이 覺所顯發이니라 覺圓明
故로 顯心淸淨하고 心淸淨故로 見塵淸淨하고 見淸淨故로 眼
根淸淨하고 根淸淨故로 眼識淸淨하고 識淸淨故로 聞塵淸淨
하고 聞淸淨故로 耳根淸淨하고 根淸淨故로 耳識淸淨하고 識
淸淨故로 覺塵淸淨하며 如是乃至鼻舌身意도 亦復如是하니
라 善男子여 根淸淨故로 色塵淸淨하고 色淸淨故로 聲塵淸

淨하며 香味觸法도 亦復如是하니라 善男子여 六塵淸淨故로
地大淸淨하고 地淸淨故로 水大淸淨하며 火大風大도 亦復如
是하니라 善男子여 四大淸淨故로 十二處와 十八界와 二十五
有가 淸淨하고 彼淸淨故로 十力과 四無所畏와 四無礙智와
佛十八不共法과 三十七助道品이 淸淨하며 如是乃至八萬
四千陀羅尼門이 一切淸淨하니라 善男子여 一切實相이 性淸
淨故로 一身淸淨하고 一身淸淨故로 多身淸淨하고 多身淸淨
故로 如是乃至十方衆生의 圓覺淸淨하니라 善男子여 一世界
淸淨故로 多世界淸淨하고 多世界淸淨故로 如是乃至盡於
虛空하며 圓裏三世하여 一切平等하여 淸淨不動하니라 善男子
여 虛空이 如是平等不動하므로 當知覺性이 平等不動하며 四
大不動故로 當知覺性이 平等不動하며 如是乃至八萬四千
陀羅尼門이 平等不動하므로 當知覺性이 平等不動하니라 善
男子여 覺性이 遍滿하여 淸淨不動하여 圓無際故로 當知六根
이 遍滿法界며 根遍滿故로 當知六塵이 遍滿法界며 塵遍滿
故로 當知四大가 遍滿法界며 如是乃至陀羅尼門이 遍滿法
界니라 善男子여 由彼妙覺이 性遍滿故로 根性塵性이 無壞
無雜하며 根塵無壞故로 如是乃至陀羅尼門이 無壞無雜함이
如百千燈이 光照一室에 其光遍滿하여 無壞無雜하니라 善男
子여 覺成就故로 當知菩薩이 不與法縛하고 不求法脫하며 不
厭生死하고 不愛涅槃하며 不敬持戒하고 不憎毁禁하며 不重
久習하고 不輕初學하니 何以故오 一切覺故니라 譬如眼光이

曉了前境에 其光圓滿하여 得無憎愛니 何以故오 光體無二하여 無憎愛故니라 善男子여 此菩薩과 及末世衆生이 修習此心하여 得成就者는 於此에 無修며 亦無成就니라 圓覺普照하여 寂滅無二니 於中에 百千萬億不可說阿僧祇恒河沙의 諸佛世界가 猶如空花의 亂起亂滅하여 不卽不離하며 無縛無脫하니라 始知衆生이 本來成佛이며 生死涅槃이 猶如昨夢이로다 善男子여 如昨夢故로 當知生死와 及與涅槃이 無起無滅하며 無來無去하여 其所證者도 無得無失하고 無取無捨하며 其能證者도 無任*無止하고 無作無滅이라 於此證中에 無能無所하여 畢竟無證하며 亦無證者하여 一切法性이 平等不壞니라 善男子여 彼諸菩薩이 如是修行하며 如是漸次하며 如是思惟하며 如是住持하며 如是方便하며 如是開悟니 求如是法하면 亦不迷悶하리라

爾時에 世尊께서 欲重宣此義하시어 而説偈言하시니라

普眼汝當知하라　　一切諸衆生의
身心皆如幻하여　　身相屬四大하고
心性歸六塵하나니　四大體各離하면
誰爲和合者오　　　如是漸修行하면
一切悉淸淨하여　　不動遍法界하여
無作止任滅하고　　亦無能證者리라
一切佛世界가　　　猶如虛空花하여
三世悉平等하여　　畢竟無來去니

＊ 고려대장경에는 任으로 되어 있는데 이를 저본으로 한 신수
 대장경에는 住로 잘못 표기하고 있다.

初發心菩薩과   及末世衆生이
欲求入佛道면   應如是修習이니라

金剛藏菩薩章 第四

於是에 金剛藏菩薩이 在大衆中하다가 卽從座起하여 頂禮
佛足하며 右遶三匝하고 長跪叉手하고 而白佛言하니라 大悲世
尊께서 善爲一切諸菩薩衆하시어 宣揚如來의 圓覺淸淨한 大陀
羅尼의 因地法行과 漸次方便하시어 與諸衆生으로 開發蒙昧
하시니 在會法衆은 承佛慈誨하고 幻翳朗然하여 慧目淸淨이니
다. 世尊이시여 若諸衆生이 本來成佛이면 何故로 復有一切無
明이며 若諸無明이 衆生本有라면 何因緣故로 如來復說本來
成佛이며 十方異生이 本成佛道하고 後起無明이면 一切如來
는 何時에 復生一切煩惱니이까 唯願不捨無遮大慈하시고 爲
諸菩薩하시어 開祕密藏하시며 及爲末世一切衆生하시어 得聞
如是修多羅敎의 了義法門하고 永斷疑悔케하소서 作是語已하
고 五體投地하고 如是三請하여 終而復始하니라
爾時에 世尊께서 告金剛藏菩薩言하시되 善哉善哉라 善男
子여 汝等이 乃能爲諸菩薩과 及末世衆生하여 問於如來의
甚深祕密한 究竟方便하니 是諸菩薩의 最上敎誨인 了義大
乘이라 能使十方의 修學菩薩과 及諸末世의 一切衆生으로 得

決定信하여 永斷疑悔케하니 汝今諦聽하라 當爲汝說하리라 時에 金剛藏菩薩이 奉教歡喜하며 及諸大衆으로 默然而聽하나라

善男子여 一切世界의 始終生滅과 前後有無와 聚散起止가 念念相續하여 循環往復에 種種取捨함이 皆是輪廻라 未出輪廻하고 而辨圓覺하면 彼圓覺性이 即同流轉하리니 若免輪廻면 無有是處니라 譬如動目이 能搖湛水하며 又如定眼이 猶廻轉火하니 雲駛月運과 舟行岸移도 亦復如是하니라 善男子여 諸旋未息에 彼物先住도 尚不可得이거늘 何況輪轉生死垢心이 曾未淸淨하고 觀佛圓覺에 而不旋復이리요 是故汝等이 便生三惑이니라

善男子여 譬如患*翳로 妄見空花하다가 患*翳若除하면 不可說言此翳已滅이니 何時에 更起一切諸翳니라 何以故오 翳花二法이 非相待故니라 亦如空花가 滅於空時에 不可說言虛空이 何時에 更起空花니 何以故오 空本無花하여 非起滅故니라 生死涅槃은 同於起滅이거니와 妙覺圓照는 離於花翳니라 善男子여 當知虛空이 非是暫有며 亦非暫無니 況復如來의 圓覺隨順하여 而爲虛空의 平等本性이리요

善男子여 如銷金鑛에 金非銷有며 旣已成金하면 不重爲鑛이라 經無窮時토록 金性不壞니 不應說言本非成就인듯하여 如來圓覺도 亦復如是하니라 善男子여 一切如來의 妙圓覺心은 本無菩提와 及與涅槃이며 亦無成佛과 及不成佛이며 無妄輪廻와 及非輪廻니라

*宋·元·明판에는 幻으로 되어 있음.

善男子여 但諸聲聞의 所圓境界도 身心語言이 皆悉斷滅
하여 終不能至彼之親證한 所現涅槃이거늘 何況能以有思惟
心으로 測度如來의 圓覺境界리오 如取螢火하여 燒須彌山함에
終不能著이니 以輪廻心으로 生輪廻見하여 入於如來의 大寂
滅海하면 終不能至니라 是故로 我說一切菩薩과 及末世衆生
이 先斷無始의 輪廻根本이니라 善男子여 有作思惟는 從有心起
니 皆是六塵의 妄想緣氣오 非實心體라 已如空花하니 用此
思惟하여 辨於佛境하면 猶如空花에 復結空果하여 展轉妄想
이라 無有是處니라 善男子여 虛妄浮心이 多諸巧見하여 不能
成就圓覺方便이니 如是分別은 非爲正問이니라

爾時에 世尊께서 欲重宣此義하시어 而說偈言하시니라

金剛藏當知하라　　如來寂滅性은
未曾有終始하니　　若以輪廻心으로
思惟卽旋復이라　　但至輪廻際요
不能入佛海니라　　譬如銷金鑛에
金非銷故有며　　雖復本來金이나
終以銷成就요　　一成眞金體하면
不復重爲鑛이니라　生死與涅槃과
凡夫及諸佛이　　同爲空花相이라
思惟猶幻化이거늘　何況詰虛妄이리오
若能了此心하면　　然後求圓覺하리라

彌勒菩薩章 第五

於是에 彌勒菩薩이 在大衆中하다가 卽從座起하여 頂禮佛足하며 右遶三匝하고 長跪叉手하고 而白佛言하니라 大悲世尊께서 廣爲菩薩하시어 開祕密藏하시어 令諸大衆으로 深悟輪廻하고 分別邪正케하시어 能施末世의 一切衆生에 無畏道眼하시어 於大涅槃에 生決定信하여 無復重隨輪轉境界하여 起循環見하시니이다 世尊이시여 若諸菩薩과 及末世衆生이 欲遊如來의 大寂滅海면 云何當斷輪廻根本이며 於諸輪廻에 有幾種性이며 修佛菩提는 幾等差別이며 廻入塵勞에 當設幾種敎化方便하여 度諸衆生하리이까 唯願不捨救世大悲하시어 令諸修行一切菩薩과 及末世衆生으로 慧目肅淸하여 照耀心鏡하여 圓悟如來의 無上知見케하소서 作是語已하고 五體投地하고 如是三請하여 終而復始하니라

爾時에 世尊께서 告彌勒菩薩言하시되 善哉善哉라 善男子여 汝等이 乃能爲諸菩薩과 及末世衆生하여 請問如來의 深奧祕密微妙之義하여 令諸菩薩로 潔淸慧目하며 及令一切末世衆生으로 永斷輪廻하고 心悟實相하여 具無生忍케하니 汝今諦聽하라 當爲汝說하리라 時에 彌勒菩薩이 奉敎歡喜하며 及諸大衆으로 默然而聽하니라

善男子여 一切衆生이 從無始際로 由有種種恩愛貪欲하니

故有輪廻니라 若諸世界의 一切種性인 卵生胎生濕生化
生이 皆因婬欲하여 而正性命이면 當知輪廻는 愛爲根本이니라
由有諸欲하여 助發愛性하니 是故로 能令生死相續하니라 欲
因愛生하고 命因欲有라 衆生愛命이 還依欲本이니 愛欲爲因
이오 愛命爲果니라 由於欲境하여 起諸違順이라 境背愛心하면
而生憎嫉하여 造種種業이니 是故로 復生地獄餓鬼하니라 知
欲可厭하고 愛厭業道하여 捨惡樂善하면 復現天人하니라 又知
諸愛의 可厭惡故로 棄愛樂捨하여도 還滋愛本하여 便現有爲
의 增上善果하나니 皆輪廻故로 不成聖道니라 是故로 衆生이
欲脫生死하여 免諸輪廻면 先斷貪欲하고 及除愛渴이니라 善
男子여 菩薩이 變化하여 示現世間은 非愛爲本이라 但以慈悲
로 令彼捨愛하여 假諸貪欲하여 而入生死니라 若諸末世의 一
切衆生이 能捨諸欲하고 及除憎愛하여 永斷輪廻하고 勤求如
來의 圓覺境界하면 於淸淨心에 便得開悟하리라

　善男子여 一切衆生이 由本貪欲하여 發揮無明하여 顯出五
性의 差別不等하며 依二種障하여 而現深淺하니라 云何二障인
가 一者는 理障이니 礙正知見이요 二者는 事障이니 續諸生死
니라 云何五性인가 善男子여 若此二障을 未得斷滅이면 名未
成佛이니라 若諸衆生이 永捨貪欲하되 先除事障하나 未斷理
障이면 但能悟入聲聞緣覺이요 未能顯住菩薩境界니라 善男
子여 若諸末世의 一切衆生이 欲泛如來의 大圓覺海면 先當
發願하여 勤斷二障이니 二障已伏이면 卽能悟入菩薩境界

하리라 若事理障을 已永斷滅이면 即入如來의 微妙圓覺하여 滿足菩提와 及大涅槃하리라 善男子여 一切衆生이 皆證圓覺 하나니 逢善知識하여 依彼所作因地法行이면 爾時修習에 便 有頓漸이오 若遇如來의 無上菩提正修行路하면 根無大小히 皆成佛果하리라 若諸衆生이 雖求善友나 遇邪見者이면 未得 正悟하리니 是則名爲外道種性이니 邪師過謬요 非衆生咎니라 是名衆生의 五性差別이니라

善男子여 菩薩이 唯以大悲方便으로 入諸世間하여 開發未 悟하며 乃至示現種種形相하여 逆順境界에 與其同事하여 化 令成佛하나니 皆依無始淸淨願力이니라 若諸末世의 一切衆 生이 於大圓覺에 起增上心하면 當發菩薩의 淸淨大願하여 應 作是言하되 願我今者에 住佛圓覺하여 求善知識하오니 莫値 外道와 及與二乘하여지이다 하고 依願修行하여 漸斷諸障하면 障盡願滿에 便登解脫淸淨法殿하여 證大圓覺妙莊嚴域하니라

爾時에 世尊께서 欲重宣此義하시어 而說偈言하시니라

彌勒汝當知하라　　一切諸衆生이
不得大解脫은　　　皆由貪欲故로
墮落於生死하나니　若能斷憎愛와
及與貪瞋癡하면　　不因差別性하고
皆得成佛道하리라　二障永銷滅하여
求師得正悟하여　　隨順菩提願하며
依止大涅槃하리라　十方諸菩薩이

皆以大非願으로　示現入生死하나니
現在修行者와　及末世衆生이
勤斷諸愛見하면　便歸大圓覺하리라

清淨慧菩薩章 第六

於是에 清淨慧菩薩이 在大衆生하다가 卽從座起하여 頂禮
佛足하며 右繞三匝하고 長跪叉手하고 而白佛言하니라 大悲世
尊께서 爲我等輩하시어 廣說如是不思議事하시니 本所不見이
며 本所不聞이니다 我等이 今者에 蒙佛善誘하고 身心泰然하여
得大饒益이니다 願爲一切諸來法衆하시어 重宣法王의 圓滿
覺性하소서 一切衆生과 及諸菩薩과 如來世尊의 所證所得이
云何差別이니까 令末世衆生으로 聞此聖敎하고 隨順開悟하여
漸次能入케하소서 作是語已하고 五體投地하며 如是三請하여
終而復始하니라

爾時에 世尊께서 告清淨慧菩薩言하시되 善哉善哉라 善男
子여 汝等이 乃能爲諸菩薩及末世衆生하여 請問如來漸次差
別하니 汝今諦聽하라 當爲汝說하리라 時에 清淨慧菩薩이 奉敎
歡喜하며 及諸大衆으로 默然而聽하니라

善男子여 圓覺自性은 非性性有하여 循諸性起니 無
取無證이라 於實相中에는 實無菩薩과 及諸衆生이니라
何以故오 菩薩衆生이 皆是幻化라 幻化滅故로 無取證

者니라 譬如眼根이 不自見眼하여 性自平等이라 無平等
者니라 衆生迷倒하여 未能除滅一切幻化니 於滅未滅妄
功用中에 便顯差別이거니와 若得如來의 寂滅隨順하면 實無
寂滅과 及寂滅者니라 善男子여 一切衆生이 從無始來로 由
妄想我와 及愛我者하여 曾不自知念念生滅이니 故起憎愛하
여 耽著五欲하나니 若遇善友의 敎令開悟淨圓覺性하여 發明
起滅하면 卽知此生이 性自勞慮하리라 若復有人이 勞慮永斷
하여 得法界淨하면 卽彼淨解가 爲自障礙니 故於圓覺에 而不
自在하나니 此名凡夫의 隨順覺性이니라 善男子여 一切菩薩이
見解爲礙에 雖斷解礙나 猶住見覺이니 覺礙爲礙하여 而不自
在하나니 此名菩薩未入地者의 隨順覺性이니라 善男子여 有
照有覺을 俱名障礙라 是故로 菩薩이 常覺不住하여 照與照
者가 同時寂滅이니라 譬如有人이 自斷其首에 首已斷故로 無
能斷者니라 則以礙心으로 自滅諸礙에 礙已斷滅이면 無滅礙
者니라 修多羅敎가 如標月指하니 若復見月이면 了知所標는
畢竟非月이듯이 一切如來의 種種言說로 開示菩薩도 亦復如
是하니 此名菩薩已入地者의 隨順覺性이니라

　善男子여 一切障礙가 卽究竟覺이니 得念失念이 無非解
脫이며 成法破法이 皆名涅槃이며 智慧愚癡가 通爲般若며 菩
薩外道의 所成就法이 同是菩提며 無明眞如가 無異境界며
諸戒定慧와 及婬怒癡가 俱是梵行이며 衆生國土가 同一法
性이며 地獄天宮이 皆爲淨土며 有性無性이 齊成佛道며 一

切煩惱가 畢竟解脫이라 法界海慧로 照了諸相이 猶如虛空이
니 此名如來의 隨順覺性이니라 善男子여 但諸菩薩과 及末世
衆生이 居一切時하여 不起妄念하며 於諸妄心에 亦不息滅하
며 住妄想境하여 不加了知하며 於無了知에 不辨眞實이니 彼
諸衆生이 聞是法門하고 信解受持하여 不生驚畏하면 是則名
爲隨順覺性이니라 善男子여 汝等은 當知하라 如是衆生은 已
曾供養百千萬億恒河沙諸佛과 及大菩薩하여 植衆德本이니
佛說是人은 名爲成就一切種智라 하시니라

　　爾時에 世尊이 欲重宣 此義하시어 而說偈言하시니라

清淨慧當知하라　　圓滿菩提性은
無取亦無證이며　　無菩薩衆生이나
覺與未覺時에　　　漸次有差別이니
衆生爲解礙요　　　菩薩未離覺이며
入地永寂滅하여　　不住一切相이요
大覺悉圓滿하여　　名爲遍隨順이니라
末世諸衆生이　　　心不生虛妄하면
佛說如是人은　　　現世卽菩薩이라
供養恒沙佛하여　　功德已圓滿이니
雖有多方便이나　　皆名隨順智니라

威德自在菩薩章 第七

於是에 威德自在菩薩이 在大衆中하다가 卽從座起하여 頂禮佛足하며 右遶三匝하고 長跪叉手하고 而白佛言하니라 大悲世尊께서 廣爲我等하시어 分別如是隨順覺性하시어 令諸菩薩로 覺心光明케하시니 承佛圓音하여 不因修習하고 而得善利니이다 世尊이시여 譬如大城이 外有四門하여 隨方來者가 非止一路이듯이 一切菩薩의 莊嚴佛國과 及成菩提도 非一方便이니 唯願世尊은 廣爲我等하시어 宣說一切方便漸次와 並修行人이 總有幾種하시어 令此會菩薩과 及末世衆生의 求大乘者로 速得開悟하여 遊戲如來의 大寂滅海케하소서 作是語已하며 五體投地하고 如是三請하여 終而復始하니라

爾時에 世尊께서 告威德自在菩薩言하시되 善哉善哉라 善男子여 汝等이 乃能爲諸菩薩과 及末世衆生하여 問於如來의 如是方便하니 汝今諦聽하라 當爲汝說하리라 時에 威德自在菩薩이 奉敎歡喜하여 及諸大衆으로 默然而聽하니라

善男子여 無上妙覺이 遍諸十方하여 出生如來와 與一切法이라 同體平等하여 於諸修行에 實無有二나 方便隨順에는 其數無量이나 圓攝所歸하면 循性差別이 當有三種이니라 善男子여 若諸菩薩이 悟淨圓覺하여 以淨覺心으로 取靜爲行하면 由澄諸念하여 覺識煩動하고 靜慧發生하여 身心客塵이 從此永滅이니 便能內發寂靜輕安하니라 由寂靜故로 十方世

界의 諸如來心이 於中顯現함이 如鏡中像하리니 此方便者는 名奢摩他니라

善男子여 若諸菩薩이 悟淨圓覺하여 以淨覺心으로 知覺心性과 及與根塵이 皆因幻化하고 卽起諸幻하여 以除幻者하며 變化諸幻하여 而開幻衆하면 由起幻故로 便能內發大悲輕安이니라 一切菩薩이 從此起行하여 漸次增進하나니 彼觀幻者는 非同幻故며 非同幻觀도 皆是幻故로 幻相永離하니라 是諸菩薩의 所圓妙行은 如土長苗하니 此方便者는 名三摩鉢提니라

善男子여 若諸菩薩이 悟淨圓覺하여 以淨覺心으로 不取幻化와 及諸靜相하면 了知身心이 皆爲罣礙하며 無知覺明이 不依諸礙하여 永得超過礙無礙境이라 受用世界와 及與身心이 相在塵域하되 如器中鍠이 聲出於外하여 煩惱涅槃이 不相留礙니 便能內發寂滅輕安이라 妙覺隨順하는 寂滅境界는 自他身心으로 所不能及이며 衆生壽命이 皆爲浮想이니 此方便者는 名爲禪那니라

善男子여 此三法門은 皆是圓覺을 親近隨順이라 十方如來께서 因此成佛이시며 十方菩薩의 種種方便인 一切同異가 皆依如是三種事業이니 若得圓證하면 卽成圓覺하리라 善男子여 假使有人이 修於聖道하여 敎化成就百千萬億의 阿羅漢과 辟支佛果라도 不如有人이 聞此圓覺의 無礙法門하고 一刹那頃을 隨順修習이니라

爾時에 世尊이 欲重宣此義하시어 而說偈言하시니라

威德汝當知하라　無上大覺心은
本際無二相이나　隨順諸方便하여
其數即無量하니　如來總開示에
便有三種類니라　寂靜奢摩陀는
如鏡照諸像이요　如幻三摩提는
如苗漸增長이요　禪那唯寂滅은
如彼器中鍠이니　三種妙法門이
皆是覺隨順이니라 十方諸如來와
及諸大菩薩이　因此得成道하나니
三事圓證故로　名究竟涅槃이니라

辯音菩薩章 第八

　於是에 辯音菩薩이 在大衆中하다가 即從座起하여 頂禮佛
足하며 右遶三匝하고 長跪叉手하고 而白佛言하나라 大悲世尊
이시여 如是法門이 甚爲希有하나이다. 世尊이시여 此諸方便은
一切菩薩이 於圓覺門에 有幾修習이니까 願爲大衆과 及末世
衆生하시어 方便開示하시어 令悟實相케하소서 作是語已하고 五
體投地하며 如是三請하여 終而復始하나라
　爾時에 世尊께서 告辯音菩薩言하시되 善哉善哉라 善男子
여 汝等이 乃能爲諸大衆과 及末世衆生하여 問於如來의 如

是修習하니 汝今諦聽하라 當爲汝說하리라 時에 辯音菩薩이
奉敎歡喜하며 及諸大衆으로 默然而聽하니라

善男子여 一切如來의 圓覺淸淨하여 本無修習과 及修習
者나 一切菩薩과 及末世衆生이 依於未覺하여 幻力修習
하니 爾時에 便有二十五種의 淸淨定輪이니라 若諸菩薩이 唯
取極靜하면 由靜力故로 永斷煩惱하고 究竟成就하여 不起于
座하고 便入涅槃하나니 此菩薩者는 名單修奢摩他니라

若諸菩薩이 唯觀如幻하면 以佛力故로 變化世界의 種種
作用하여 備行菩薩의 淸淨妙行하되 於陀羅尼에 不失寂念과
及諸靜慧하나니 此菩薩者는 名單修三摩鉢提니라

若諸菩薩이 唯滅諸幻하여 不取作用하고 獨斷煩惱하여 煩
惱斷盡하면 便證實相하나니 此菩薩者는 名單修禪那니라

若諸菩薩이 先取至靜하여 以靜慧心으로 照諸幻者하고 便
於是中에 起菩薩行하면 此菩薩者는 名先修奢摩他하고 後修
三摩鉢提니라

若諸菩薩이 以靜慧故로 證至靜性하고 便斷煩惱하여 永出
生死하면 此菩薩者는 名先修奢摩他하고 後修禪那니라

若諸菩薩이 以寂靜慧로 復現幻力의 種種變化하여 度諸
衆生하고 後斷煩惱하여 而入寂滅하면 此菩薩者는 名先修奢
摩他하고 中修三摩鉢提하고 後修禪那니라

若諸菩薩이 以至靜力으로 斷煩惱已하고 後起菩薩의 淸淨
妙行하여 度諸衆生하면 此菩薩者는 名先修奢摩他하고 中修

禪那하고 後修三摩鉢提니라

若諸菩薩이 以至靜力으로 心斷煩惱하고 後度衆生하여 建立世界하면 此菩薩者는 名先修奢摩他하고 齊修三摩鉢提及修禪那니라

若諸菩薩이 以至靜力으로 資發變化하고 後斷煩惱하면 此菩薩者는 名齊修奢摩他와 三摩鉢提하고 後修禪那니라

若諸菩薩이 以至靜力으로 用資寂滅하고 後起作用하여 變化境界하면 此菩薩者는 名齊修奢摩他와 禪那하고 後修三摩鉢提니라

若諸菩薩이 以變化力으로 種種隨順하여 而取至靜하면 此菩薩者는 名先修三摩鉢提하고 後修奢摩他니라

若諸菩薩이 以變化力으로 種種境界에 而取寂滅하면 此菩薩者는 名先修三摩鉢提하고 後修禪那니라

若諸菩薩이 以變化力으로 而作佛事하고 安在寂靜하여 而斷煩惱하면 此菩薩者는 名先修三摩鉢提하고 中修奢摩他하고 後修禪那니라

若諸菩薩이 以變化力으로 無礙作用하고 斷煩惱故로 安住至靜하면 此菩薩者는 名先修三摩鉢提하고 中修禪那하고 後修奢摩他니라

若諸菩薩이 以變化力으로 方便作用하고 至靜寂滅을 二俱隨順하면 此菩薩者는 名先修三摩鉢提하고 齊修奢摩他와 禪那니라

若諸菩薩이 以變化力으로 種種起用하여 資於至靜하고 後斷煩惱하면 此菩薩者는 名齊修三摩鉢提와 奢摩他하고 後修禪那니라

若諸菩薩이 以變化力으로 資於寂滅하고 後住淸淨한 無作靜慮하면 此菩薩者는 名齊修三摩鉢提와 禪那하고 後修奢摩他니라

若諸菩薩이 以寂滅力으로 而起至靜하여 住於淸淨하면 此菩薩者는 名先修禪那하고 後修奢摩他니라

若諸菩薩이 以寂滅力으로 而起作用하여 於一切境에 寂用隨順하면 此菩薩者는 名先修禪那하고 後修三摩鉢提니라

若諸菩薩이 以寂滅力인 種種自性으로 安於靜慮하여 而起變化하면 此菩薩者는 名先修禪那하고 中修奢摩他하고 後修三摩鉢提니라

若諸菩薩이 以寂滅力인 無作自性으로 起於作用의 淸淨境界하여 歸於靜慮하면 此菩薩者는 名先修禪那하고 中修三摩鉢提하고 後修奢摩他니라

若諸菩薩이 以寂滅力인 種種淸淨으로 而住靜慮하여 起於變化하면 此菩薩者는 名先修禪那하고 齊修奢摩他와 三摩鉢提니라

若諸菩薩이 以寂滅力으로 資於至靜하여 而起變化하면 此菩薩者는 名齊修禪那와 奢摩他하고 後修三摩鉢提니라

若諸菩薩이 以寂滅力으로 資於變化하여 而起至靜한 淸明

境慧하면 此菩薩者는 名齊修禪那와 三摩鉢提하고 後修奢摩
他니라

若諸菩薩이 以圓覺慧로 圓合一切하여 於諸性相에 無離
覺性하면 此菩薩者는 名爲圓修三種自性淸淨隨順이니라

善男子여 是名菩薩의 二十五輪이니 一切菩薩의 修行如
是하니라 若諸菩薩과 及末世衆生이 依此輪者는 當持梵行하
고 寂靜思惟하여 求哀懺悔하되 經三七日토록 於二十五輪에
各安標記하고 至心求哀하여 隨手結取하여 依結開示하면 便
知頓漸하리니 一念疑悔하면 卽不成就하리라

爾時에 世尊께서 欲重宣此義하시어 而說偈言하시니라
辯音汝當知하라 一切諸菩薩의
無礙淸淨慧가 皆依禪定生하니라
所謂奢摩他와 三摩提禪那니
三法頓漸修하여 有二十五種하니라
十方諸如來와 三世修行者가
無不因此法하여 而得成菩提하나니
唯除頓覺人과 并法不隨順이니라
一切諸菩薩과 及末世衆生이
常當持此輪하여 隨順勤修習하면
依佛大悲力하여 不久證涅槃하리라

淨諸業障菩薩章 第九

於是에 淨諸業障菩薩이 在大衆中하다가 卽從座起하여 頂
禮佛足하며 右繞三匝하고 長跪叉手하고 而白佛言하니라 大悲
世尊께서 爲我等輩하시어 廣說如是不思議事인 一切如來의
因地行相하시어 令諸大衆으로 得未曾有하여 覩見調御의 歷恒
沙劫토록 勤苦境界인 一切功用을 猶如一念케하시니 我等菩薩
은 深自慶慰하나이다 世尊이시여 若此覺心이 本性清淨이면 因
何染汚하여 使諸衆生으로 迷悶不入이니이까 惟願如來께서 廣
爲我等하시어 開悟法性하여 令此大衆과 及末世衆生으로 作將
來眼케하소서 說是語已하고 五體投地하여 如是三請하여 終而
復始하니라

爾時에 世尊께서 告淨諸業障菩薩言하시되 善哉善哉라 善
男子여 汝等이 乃能爲諸大衆과 及末世衆生하여 諮問如來의
如是方便하니 汝今諦聽하라 當爲汝說하리라 時에 淨諸業障菩
薩이 奉教歡喜하며 及諸大衆으로 默然而聽하니라

善男子여 一切衆生이 從無始來로 妄想執有我人衆生과
及與壽命하여 認四顚倒하여 爲實我體니라 由此로 便生憎愛
二境하여 於虛妄體에 重執虛妄이라 二妄相依하여 生妄業道하
나니 有妄業故로 妄見流轉하며 厭流轉者는 妄見涅槃이니라
由此로 不能入淸淨覺하나니 非覺違拒諸能入者며 有諸能
入이라도 非覺入故라 是故動念과 及與息念이 皆歸迷悶이니라

何以故오 由有無始本起無明이 爲己主宰니라 一切衆生이
生無慧目하여 身心等性이 皆是無明이니 譬如有人이 不自斷
命이니라 是故로 當知하라 有愛我者는 我與隨順하고 非隨順者
는 便生憎怨하나니 爲憎愛心이 養無明故로 相續求道하여도 皆
不成就하느니라

善男子여 云何我相인가 謂諸衆生의 心所證者니라 善男子
여 譬如有人이 百骸調適에 忽忘我身이다가 四支絃緩하여 攝
養乖方에 微加鍼艾하면 則知有我하니라 是故로 證取하여야 方
現我體니라 善男子여 其心이 乃至證於如來의 畢竟了知하는
淸淨涅槃이라도 皆是我相이니라

善男子여 云何人相인가 謂諸衆生의 心悟證者니라 善男子
여 悟有我者는 不復認我거니와 所悟非我도 悟亦如是하니 悟
已超過一切證者가 悉爲人相이니라 善男子여 其心이 乃至圓
悟涅槃이 俱是我者라도 心存少悟하면 備殫證理라도 皆名人
相이니라

善男子여 云何衆生相인가 謂諸衆生의 心自證悟의 所不及
者니라 善男子여 譬如有人이 作如是言하되 我是衆生이라하면
則知彼人의 說衆生者는 非我非彼니라 云何非我오 我是衆生
이니　則非是我며 云何非彼오 我是衆生이니　非彼我故니라
善男子여 但諸衆生의 了證了悟가 皆爲我人이니 而我人相의
所不及者에 存有所了면 名衆生相이니라

善男子여 云何壽命相인가 謂諸衆生의 心照淸淨하여 覺所
了者니 一切業智의 所不自見이 猶如命根이니라 善男子여 若

心照見一切覺者는 皆爲塵垢니 覺所覺者가 不離塵故니라 如湯銷氷에 無別有氷이 知氷銷者인듯하여 存我覺我도 亦復如是하니라

　善男子여 末世衆生이 不了四相하면 雖經多劫토록 勤苦修道라도 但名有爲라 終不能成一切聖果하리니 是故로 名爲正法末世니라 何以故오 認一切我하여 爲涅槃故며 有證有悟를 名成就故니라 譬如有人이 認賊爲子에 其家財寶를 終不成就니라 何以故오 有我愛者는 亦愛涅槃이라 伏我愛根하여 爲涅槃相하며 有憎我者는 亦憎生死라 不知愛者가 眞生死故로 別憎生死하나니 名不解脫이니라 云何當知法不解脫인가 善男子여 彼末世衆生의 習菩提者가 以已徵證으로 爲自淸淨은 猶未能盡我相根本이니라 若復有人이 讚歎彼法하면 卽生歡喜하여 便欲濟度하고 若復誹謗彼所得者면 便生瞋恨하나니 則知我相을 堅固執持하여 潛伏藏識하고 遊戱諸根하여 曾不間斷이니라 善男子여 彼修道者가 不除我相이니 是故로 不能入淸淨覺이니라 善男子여 若知我空하면 無毀我者며 有我說法은 我未斷故니 衆生壽命도 亦復如是니라 　善男子여 末世衆生이 說病爲法하리니 是故로 名爲可憐愍者니라 雖勤精進이나 增益諸病이라 是故로 不能入淸淨覺이니라 善男子여 末世衆生이 不了四相하고 以如來解와 及所行處로 爲自修行하면 終不成就하니라 或有衆生이 未得謂得하고 未證謂證하며 見勝進者하고 心生嫉妬는 由彼衆生이 未斷我愛니 是故로 不能入淸淨覺이

니라 善男子여 末世衆生이 希望成道하되 無令求悟하고 唯益多聞하여 增長我見하나니 但當精勤하여 降伏煩惱하고 起大勇猛하여 未得令得하며 未斷令斷하여 貪瞋愛慢과 諂曲嫉妬가 對境不生하고 彼我恩愛가 一切寂滅하면 佛説是人은 漸次成就라하시니라 求善知識하여 不墮邪見이려니와 若於所求에 別生憎愛하면 則不能入清淨覺海하리라

爾時에 世尊께서 欲重宣此義하시어 而説偈言하시니라

淨業汝當知하라 　　一切諸衆生이
皆由執我愛하여 　　無始妄流轉하나니
未除四種相이면 　　不得成菩提니라
愛憎生於心하고 　　諂曲存諸念하니
是故多迷悶하여 　　不能入覺城하니라
若能歸悟刹하여 　　先去貪瞋癡하고
法愛不存心이면 　　漸次可成就니라
我身本不有리니 　　憎愛何由生이리오
此人求善友하여 　　終不墮邪見이려니와
所求別生心하면 　　究竟非成就리라

普覺菩薩章 第十

於是에 普覺菩薩이 在大衆中하다가 卽從座起하고 頂禮佛

足하며 右遶三匝하고 長跪叉手하고 而白佛言하니라. 大悲世尊께서 快說禪病하시어 令諸大衆으로 得未曾有하여 心意蕩然하여 獲大安隱케하니이다 世尊이시여 末世衆生이 去佛漸遠에 賢聖隱伏하고 邪法增熾하리니 使諸衆生으로 求何等人하며 依何等法하며 行何等行하며 除去何病하며 云何發心하여야 令彼群盲으로 不墮邪見케하리이까 作是語已하고 五體投地하여 如是三請하여 終而復始하니라

爾時에 世尊께서 告普覺菩薩言하시되 善哉善哉라 善男子여 汝等이 乃能諮問如來의 如是修行하여 能施末世一切衆生에 無畏道眼하여 令彼衆生으로 得成聖道케하니 汝今諦聽하라 當爲汝說하리라 時에 普覺菩薩이 奉敎歡喜하며 及諸大衆으로 默然而聽하니라

善男子여 末世衆生이 將發大心하여 求善知識하여 欲修行者는 當求一切正知見人하되 心不住相하여 不著聲聞緣覺境界하며 雖現塵勞나 心恒淸淨하며 示有諸過나 讚歎梵行하여 不令衆生으로 入不律儀니 求如是人하면 卽得成就阿耨多羅三藐三菩提하리라 末世衆生이 見如是人에 應當供養하되 不惜身命이니 彼善知識이 四威儀中에 常現淸淨하며 乃至示現種種過患이라도 心無憍慢이거늘 況復搏財와 妻子眷屬이리오 若善男子가 於彼善友에 不起惡念하면 卽能究竟成就正覺하여 心花發明하여 照十方刹하리라

善男子여 彼善知識의 所證妙法은 應離四病이니라 云何四

病인가 一者는 作病이니 若復有人이 作如是言하되 我於本心에
作種種行하여 欲求圓覺이라하면 彼圓覺性은 非作得故로 説名
爲病이니라 二者는 任病이니 若復有人이 作如是言하되 我等今
者에 不斷生死하며 不求涅槃하여 涅槃生死에 無起滅念하고
任彼一切하여 隨諸法性하여 欲求圓覺이라하면 彼圓覺性은 非
任有故로 説名爲病이니라 三者는 止病이니 若復有人이 作如
是言하되 我今自心에 永息諸念하여 得一切性이 寂然平等하여
欲求圓覺이라하면 彼圓覺性은 非止合故로 説名爲病이니라 四
者는 滅病이니 若復有人이 作如是言하되 我今永斷一切煩惱
하여 身心도 畢竟空無所有이거늘 何況根塵虛妄境界리오 一切
永寂하여 欲求圓覺이라하면 彼圓覺性은 非寂相故로 説名爲病
이니라 離四病者는 則知淸淨이니 作是觀者는 名爲正觀이요 若
他觀者는 名爲邪觀이니라

　善男子여 末世衆生이 欲修行者는 應當盡命토록 供養善友
하며 事善知識하여 彼善知識이 欲來親近이면 應斷憍慢하며 若
復遠離라도 應斷瞋恨하여 現逆順境에 猶如虛空하며 了知身
心이 畢竟平等하여 與諸衆生으로 同體無異니 如此修行하여야
方入圓覺하리라 善男子여 末世衆生이 不得成道는 由有無始
의 自他憎愛하는 一切種子이니 故未解脱이니라 若復有人이 觀
彼怨家를 如己父母하여 心無有二하면 即除諸病하리니 於諸法
中에 自他憎愛도 亦復如是하니라 善男子여 末世衆生이 欲求
圓覺이면 應當發心하여 作如是言하되 盡於虛空의 一切衆生을

我皆令入究竟圓覺하되 於圓覺中에 無取覺者하여 除彼我人의 一切諸相케하리라 如是發心하면 不墮邪見하나니라

爾時에 世尊께서 欲重宣此義하시어 而說偈言하시니라

普覺汝當知하라　　末世諸衆生이
欲求善知識이면　　應當求正覺하되
心遠二乘者나라　　法中除四病이니
謂作止任滅이라　　親近無憍慢하며
遠離無瞋恨하여　　見種種境界하되
心當生希有를　　　還如佛出世니라
不犯非律儀하여　　戒根永淸淨하고
度一切衆生하여　　究竟入圓覺하되
無彼我人相하여　　常依止智慧하면
便得超邪見하여　　證覺般涅槃하리라

圓覺菩薩章 第十一

於是에 圓覺菩薩이 在大衆中하다가 卽從座起하여 頂禮佛足하며 右遶三匝하고 長跪叉手하고 而白佛言하나라 大悲世尊께서 爲我等輩하시어 廣說淨覺의 種種方便하시어 令末世衆生으로 有大增益케하시니이다 世尊이시여 我等은 今者에 已得開悟나 若佛滅後에 末世衆生이 未得悟者는 云何安居하여 修此圓

覺의 淸淨境界하리이까 此圓覺中에 三種淨觀은 以何爲首니이까 唯願大悲로 爲諸大衆과 及末世衆生하시어 施大饒益하소서 作是語已하고 五體投地하여 如是三請하여 終而復始하나라

爾時에 世尊께서 告圓覺菩薩言하시되 善哉善哉라 善男子여 汝等이 乃能問於如來의 如是方便하여 以大饒益으로 施諸衆生하려하니 汝今諦聽하라 當爲汝説하리라 時에 圓覺菩薩이 奉敎歡喜하며 及諸大衆으로 默然而聽하나라

善男子여 一切衆生이 若佛住世거나 若佛滅後거나 若法末時에 有諸衆生이 具大乘性하여 信佛祕密大圓覺心하여 欲修行者이면 若在伽藍에 安處徒衆하며 有緣事故로 隨分思察은 如我已説이니라 若復無有他事因緣이면 卽建道場하되 當立期限이니 若立長期면 百二十日이요 中期는 百日이요 下期는 八十日이니 安置淨居하라 若佛現在면 當正思惟하며 若佛滅後면 施設形像하고 心存目想하여 生正憶念하되 還同如來常住之日하여 懸諸幡花하고 經三七日토록 稽首十方諸佛名字하여 求哀懺悔하면 遇善境界하여 得心輕安하리라 過三七日토록 一向攝念하라 若經夏首하여 三月安居하려면 當爲淸淨菩薩止住하여 心離聲聞하며 不假徒衆하라 至安居日하여 卽於佛前에 作如是言하되 我比丘比丘尼와 優婆塞優婆夷인 某甲이 踞菩薩乘하여 修寂滅行하여 同入淸淨實相住持하여 以大圓覺으로 爲我伽藍하고 身心이 安居平等性智하여 涅槃自性이 無繫屬故로 今我敬請하나이다 不依聲聞하고 當與十方如來와 及

大菩薩로 三月安居하여 爲修菩薩의 無上妙覺大因緣故로 不
繫徒衆하리이다하라 善男子여 此名菩薩의 示現安居니 過三期
日하면 隨往無礙니라 善男子여 若彼末世의 修行衆生이 求菩
薩道하여 入三期者는 非彼所聞이면 一切境界를 終不可取니라

善男子여 若諸衆生이 修奢摩他하되 先取至靜하여 不起思
念하면 靜極便覺하리라 如是初靜이 從於一身하여 至一世界하
나니 覺亦如是하니라 善男子여 若覺이 遍滿一世界者는 一世
界中에 有一衆生의 起一念者를 皆悉能知하며 百千世界도 亦
復如是하리니 非彼所聞이면 一切境界를 終不可取니라

善男子여 若諸衆生이 修三摩鉢提면 先當憶想十方如來와
十方世界의 一切菩薩의 依種種門하여 漸次修行하고 勤苦三
昧하여 廣發大願하여 自熏成種이니 非彼所聞이면 一切境界를
終不可取니라

善男子여 若諸衆生이 修於禪那면 先取數門하여 心中에 了
知生住滅念의 分齊頭數하여 如是周遍하면 四威儀中의 分別
念數를 無不了知하여 漸次增進하며 乃至得知百千世界의 一
滴之雨를 猶如目觀所受用物하리니 非彼所聞이면 一切境界
를 終不可取니라 是名三觀의 初首方便이니 若諸衆生이 遍修
三種하여 勤行精進하면 即名如來 出現于世니라 若後末世에
鈍根衆生이 心欲求道하되 不得成就는 由昔業障이니 當勤懺
悔하여 常起希望하여 先斷憎愛와 嫉妬諂曲하고 求勝上心이어
다 三種淨觀에 隨學一事하되 此觀不得이면 復習彼觀이니 心

不放捨하고 漸次求證하라

爾時에 世尊이 欲重宣此義하시어 而說偈言하시니라

圓覺汝當知하라　一切諸衆生이

欲行無上道면　先當結三期하여

懺悔無始業하고　經於三七日한

然後正思惟하되　非彼所聞境이면

畢竟不可取니라　奢摩他至靜과

三摩正憶持와　禪那明數門이

是名三淨觀이니라　若能勤修習하면

是名佛出世니라　鈍根未成者는

常當勤心懺으로　無始一切罪니

諸障若銷滅하면　佛境便現前하리라

賢善首菩薩章 第十二

於是에 賢善首菩薩이 在大衆中하다가 卽從座起하여 頂禮佛足하며 右遶三匝하고 長跪叉手하고 而白佛言하니라 大悲世尊께서 廣爲我等과 及末世衆生하시어 開悟如是不思議事하시나이다 世尊이시여 此大乘教는 名字何等이며 云何奉持며 衆生이 修習에 得何功德이며 云何使我로 護持經人이며 流布此教에 至於何地니이까 作是語已하고 五體投地하며 如是三請하여

終而復始하니라

爾時에 世尊께서 告賢善首菩薩言하시되 善哉善哉라 善男子여 汝等이 乃能爲諸菩薩과 及末世衆生하여 問於如來如是 經敎의 功德名字하니 汝等諦聽하라 當爲汝説하리라 時에 賢善 首菩薩이 奉敎歡喜하며 及諸大衆으로 默然而聽하니라

善男子여 是經은 百千萬億恒河沙諸佛所説이며 三世如 來之所守護며 十方菩薩之所歸依며 十二部經의 淸淨眼目 이니라 是經은 名大方廣圓覺陀羅尼며 亦名修多羅了義며 亦 名祕密王三昧며 亦名如來決定境界며 亦名如來藏自性差 別이니 汝當奉持하라 善男子여 是經은 唯顯如來境界니 唯佛 如來라야 能盡宣説이니라 若諸菩薩과 及末世衆生이 依此修 行하면 漸次增進하여 至於佛地하리라 善男子여 是經은 名爲頓 敎大乘이라 頓機衆生이 從此開悟하며 亦攝漸修一切群品이 니라 譬如大海가 不讓小流하여 乃至蚊蛇과 及阿修羅도 飮其 水者는 皆得充滿이니라 善男子여 假使有人이 純以七寶로 積 滿三千大千世界하여 以用布施라도 不如有人이 聞此經名과 及一句義니라 善男子여 假使有人이 敎百千恒河沙衆生하여 得 阿羅漢果라도 不如有人이 宣説此經하여 分別半偈니라 善男 子여 若復有人이 聞此經名하고 信心不惑하면 當知是人은 非 於一佛二佛에 種諸福慧라 如是乃至盡恒河沙의 一切佛所에 種諸善根하여 聞此經敎니라 汝善男子는 當護末世의 是修行 者하여 無令惡魔와 及諸外道로 惱其身心하여 令生退屈이니라

爾時會中에 有火首金剛과 摧碎金剛과 尼藍婆金剛等의 八萬金剛이 並其眷屬으로 卽從座起하여 頂禮佛足하며 而白佛言하니라 世尊이시여 若後末世의 一切衆生이 有能持此決定大乘이면 我當守護를 如護眼目하며 乃至道場의 所修行處에 我等金剛이 自領徒衆하고 晨夕守護하여 令不退轉케하며 其家에 乃至永無災障하고 疫病銷滅하며 財寶豊足하여 常不乏少케하리이다

爾時에 大梵王과 二十八天王과 并須彌山王과 護國天王等이 卽從座起하여 頂禮佛足하며 右繞三匝하고 而白佛言하되 世尊이시여 我亦守護是持經者하여 常令安隱하여 心不退轉케하리이다

爾時에 有大力鬼王하니 名吉槃茶라 與十萬鬼王으로 卽從座起하여 頂禮佛足하며 右繞三匝하고 而白佛言하되 世尊 我亦守護是持經人하여 朝夕侍衛하여 令不退屈케하며 其人所居 一由旬内에 若有鬼神이 侵其境界면 我當使其碎如微塵케하리이다 佛説此經已하시니 一切菩薩과 天龍鬼神과 八部眷屬과 及諸天王梵王等의 一切大衆이 聞佛所説하고 皆大歡喜하여 信受奉行하니라

승 만 경

김호성 譯

일러두기

1. 민족사판 《승만경》은 《승만사자후일승대방편방광경》(구나발타라 역)을 저본으로 하고, 판본은 고려대장경본을 이용했다.

2. 아래와 같은 별역본(別譯本)과 기존의 번역들을 참조하면서, 난문(難文)의 올바른 해독에 힘을 기울였다.

   ① 산스크리트어 단편(斷片) : 《보성론 연구》(宇井伯壽 著, 암파서점, 1979.)

   ② 티베트역의 일본어 번역본 : 《여래장계경전》(高崎直道 譯, 중앙공론사, 소화 52.)

   ③ 제2의 한역 : 《대보적경 승만부인회》(T.310.12.)

   ④ 영역 : 《The Lion's Roar of Queen Srimala》(Alex and Hideko Wayman, Columbia University Press, 1974.)

   ⑤ 한글 역 : 《승만경》(목정배 역, 현대불교신서 6, 동국역경원.)

3. 옮김의 술어는 가능한 일상적인 언어를 사용하여, 처음 불교에 입문한 분들도 읽을 수 있도록 노력하였다. 그리고 그렇게 풀이한 술어의 원어를 따로 〈번역 술어 용례〉로 정리해 둔다.

4. 《승만경》의 가르침을 적확하게 이해하기 위해서는 상세한 설명이 필요하다. 따라서 본서의 역주(譯註)는 진지

한 독자들에게는 많은 도움이 될 것이다. 특히, 근래 새
롭게 발굴·보고된 원효의 《승만경소》(김상현 輯, 〈輯逸
勝鬘經疏〉《불교학보》 제30집, 1993)를 많이 참고하였으며,
부분적으로 옮겨 두었다.

5. 각 장(章) 속에서 내용을 구분하여 적절한 소제목을 붙
였다. 이해를 돕기 위해서이다.

6. 《승만경》의 위치와 그 사상을 개설적으로 소개하는 글
(해설)을 실었다.

7. 역자는 《승만경》 원문을 어떻게 이해했는지를 보일 필요
가 있을 것이다. 이를 위해, 현재 국제적으로 통용되는
구두(句讀)방식대로 구두를 한다. 이는 우리 불교학계에
서는 처음으로 시도되는 것이다. 많은 질정을 빈다.

승만경

차 례

제1. 여래의 진실한 공덕
〔如來眞實義功德章〕

부모님의 편지

이와 같이 나는 들었다.

한때 부처님께서는 사위국(舍衛國)[1]의 기수급고독원(祇樹給孤獨園)[2]에 머무르고 계셨다.[3] 그때 파사익(波斯匿, Prasenajit)왕과 말리(末利)부인은 부처님의 가르침을 믿은 지 얼마 되지 않았으나, 서로 함께 말하였다.

"승만은 우리 딸이지만, 총명하고 지혜로우며 근본이 뛰어나서 금방 쉽게 깨달을 것입니다. 부처님을 뵈옵기만 한다면, 반드시 가르침을 잘 이해하여 마음에 의심이 없는 경지를 얻을 것입니다. 마땅한 때에 편지를 보내서 그녀의 보리심〔道意〕을 발하게 합시다."

부인이 사뢰어 말했다.

"지금이 바로 그때입니다."

왕과 부인은 승만에게 보내는 편지에서 여래의 한량 없는 공덕을 간단히 찬탄하였다. 그리고는 곧 궁녀를 보냈는데 그 이름이 전제라(旃提羅, Chandra)였다. 그 사자(使者)[4]는 편지를 받잡고 아유사(阿踰闍)[5]국에 이르러서 그 궁전 안에 들어가 삼가 승만에게 드렸다.

승만부인의 귀의

승만부인이 편지를 받고 기뻐하며 정수리까지 올리며[6] 읽고 외우며 받아 지녀서 희유한 마음을 내고서, 전제라에게 게송으로 말씀하였다.

내가 듣건대, '부처님의 음성은
세상에는 일찍이 없었던 일이라' 하니
그 말씀이 참으로 진실하다면
마땅히 공양을 닦아야 하리.[7]

우러러 생각컨대, 부처님 세존께서
널리 세상 위해 출현하셨다면
또 마땅히 불쌍히 여기셔서
나로 하여금 뵈올 수 있게 하시리.

이렇게 생각하자마자, 부처님께서 공중에서 널리 청정한 광명을 비추시면서 비할 데 없는 몸을 나타내 보이셨다. 승만부인 및 그녀의 권속(眷屬)[8]들이 그들의 얼굴과 머리를 부처님 발에 대면서[9] 예배하고, 모두가 청정한 마음으로 부처님의 진실한 공덕을 찬탄하였다.[10]

승만부인의 찬탄

여래의 묘한 모습은
세상에서 더불어 같이할 이 없으며
비할 수 없으며 헤아릴 수 없으니
이제 공경하며 예배합니다.

여래의 모습이 다함없고
지혜 역시 또 그와 같으며
모든 진리는 영원하므로
저희가 귀의합니다.

마음의 허물과
몸으로 짓는 네 가지 악[11]을 항복받았으며
그들이 항복시킬 수 없는 지위에 도달하신

진리의 왕〔法王〕에게 예배하나이다.

모든 알아야 할 것[12]은 다 아시고
지혜의 몸이 자재하여
모든 진리를 받아 지니셨으므로
이제 예경하나이다.

헤아림을 넘어서 계신 님께 예경하옵고
비유할 데가 없으신 님께 예경하오며
가이없는 진리에 예경하옵고
생각하기 어려운 님께 예경하나이다.·

불쌍히 여기셔서 저희를 가호하시고
진리의 종자〔法種〕가 자라게 하소서
이 세상부터 다음 세상까지
부처님께서 언제나 거두어 주시기를 원하옵니다.

부처님께서 말씀하셨다.[13]

내 그대를 편안케 한 지 이미 오래이니
전생에 이미 깨달음을 얻었으며
이제 다시 그대를 또 거두어 주노니
미래의 생에서도 역시 그러하리라.

다시 숭만부인이 사뢰었다.

제가 이미 공덕을 지었으며
현재 및 다른 세상에서도
이러한 모든 선의 근본을 심겠사오니
오직 저를 거두어 주시는 모습을 뵙고자 하나이다.

부처님의 예언

그때 숭만부인 및 그녀의 모든 권속들이 얼굴과 머리
를 부처님 발에 대면서 예불하자, 부처님은 대중들 가
운데서 곧 예언[受記][14])하셨다.

"그대는 여래의 진실한 공덕을 찬탄하였다. 이러한
선근으로 말미암아서 마땅히 한량없는 아승지겁을 지
낸 뒤 신들이나 사람 중에서 자재한 왕이 될 것이다.
모든 태어나는 곳마다 언제나 나를 보고 직접[現前] 찬
탄하는 것이 지금과 같아서 다름이 없을 것이다. 마땅
히 다시 한량없는 아승지의 부처님을 공양하기를 2만
아승지겁을 지나서 부처가 될 것이니, 이름을 보광(普
光)[15])여래·응공·정변지라고 할 것이다. 그 부처님 국
토에는 모든 나쁜 갈래[惡趣]와 늙음·병·쇠퇴·뜻에
맞지 않는 괴로움이 없으며, 또한 선하지 못한 악업[16])

의 이름도 없을 것이다. 그 나라의 중생들은 모습·
힘·수명·다섯 가지 욕망·모든 소유물 등에 있어서
쾌락하기가 타화자재천(他化自在天)[17]보다도 더 뛰어날
것이다. 그 나라의 모든 중생은 한결같이 대승에 머무
를 것이며, 선근을 닦는 모든 중생들이 그 나라에 모일
것이다."

숭만부인이 수기를 얻을 때, 그곳에 있던 한량없는
중생과 모든 신과 사람들이 그 나라에 태어나기를 원하
였으므로 세존께서 모두에게 예언하셨다.

"전부 마땅히 왕생할 것이다."[18]

제2. 열 가지 큰 서원
〔十大受章〕

승만부인의 열 가지 큰 서원

그때 승만부인이 수기를 들은 뒤에, 합장하여 열 가지 큰 서원(大受)을 세웠다.[19]

"첫째, 세존이시여, 저는 오늘부터 깨달음에 이를 때까지, 받아 지닌 계율에 대하여 범하고자 하는 마음을 일으키지 않겠습니다.

둘째, 세존이시여, 저는 오늘부터 깨달음에 이를 때까지, 모든 어른들에 대하여 오만한 마음을 일으키지 않겠습니다.

셋째, 세존이시여, 저는 오늘부터 깨달음에 이를 때까지, 모든 중생에 대하여 화내는 마음을 일으키지 않겠습니다.

넷째, 세존이시여, 저는 오늘부터 깨달음에 이를 때까

지, 다른 사람의 신체 및 기타 소유물에 대하여 질투하
는 마음을 일으키지 않겠습니다.

다섯째, 세존이시여, 저는 오늘부터 깨달음에 이를 때
까지, 안팎의 모든 것들[20]에 대하여 아끼는 마음을 일
으키지 않겠습니다.

여섯째, 세존이시여, 저는 오늘부터 깨달음에 이를 때
까지, 자신을 위해서 재물을 쌓아 두지 않으며 전부 가
난한 중생들을 성숙시키는 데 쓰겠습니다.

일곱째, 세존이시여, 저는 오늘부터 깨달음에 이를 때
까지 자신을 위해서 사섭법(四攝法)을 행하지 않겠사오
니, 모든 중생을 위해서입니다.[21] 애착하지 않는 마음·
싫어하거나 만족하지 않는 마음·걸림없는 마음으로
중생을 거두어들이겠습니다.

여덟째, 세존이시여, 저는 오늘부터 깨달음에 이를 때
까지, 부모가 안 계신 아이·자식 없는 노인·죄를 짓
고 갇힌 사람·병든 사람 등 갖가지 고난으로 괴로움에
처한 중생들을 보면 마침내 잠시도 외면하지 않으며 반
드시 안온케 하겠습니다. 재물로써 이익케 하여[22] 모든
고통을 벗어나게 한 뒤에야 외면하겠습니다.

아홉째, 세존이시여, 저는 오늘부터 깨달음에 이를 때
까지, 동물을 잡아 기르는 등의 갖가지 올바르지 못한
생활방편[惡律儀] 및 계를 깨뜨리는 것[23]을 보게 되면
절대로 외면하지 않겠습니다. 제가 힘을 얻게 될 때는

어느 곳에서든지 마땅히 잘못을 항복받아야〔折伏〕[24] 할 사람에게는 항복받으며 마땅히 용서[25]해 줄 사람은 용서하겠습니다. 왜 그러냐 하면, 때로는 항복하고 벌함으로써 때로는 용서함으로써 가르침을 오래도록 머물게 할 수 있기 때문입니다. 가르침이 오래도록 머물게 되면, 신들과 다시 사람들의 몸으로 태어나는 사람은 늘어나고 나쁜 갈래〔惡趣〕에 가는 사람은 감소하게 될 것입니다. 능히 여래께서 굴리시는 바 법륜(法輪)에 따라서 부합하는[26] 것입니다. 이러한 이익을 보기 때문에 구하여 거두어들임을 잠시도 멈추지 않겠습니다.

열째, 세존이시여, 저는 오늘부터 깨달음에 이를 때까지, 올바른 가르침을 받아들여서 마침내 잊지 않겠습니다. 왜 그러냐 하면, 가르침을 잊는다는 것은 곧 대승을 잊는 것이 되며, 대승을 잊는다는 것은 곧 바라밀을 잊는 것이 되며, 바라밀을 잊는 것은 대승을 욕구하지 않는 것이 되기 때문입니다. 만약 보살이 대승에 머무르지 않는다면 곧 능히 올바른 가르침을 받아들일 수 없을 것이며, 즐거워하는 바를 따라서 들어가고자 하나 영원히 범부의 경지를 뛰어넘을 수 없게 될 것입니다. 저는 이와 같이 한량없는 큰 잘못을 보며, 또한 미래에 올바른 가르침을 받아들일 보살마하살들의 한량없는 복덕을 보기 때문에 이러한 큰 서원을 세우는 것입니다."

열 가지 큰 서원

부처님의 증명

"진리의 주인(法主)이신 세존이시여, 저를 위해서 증명하옵소서. 오직 부처님 세존만이 지금 여기서 증명하실 수 있습니다. 모든 중생들은 선근이 약하고 엷어서 어떤 중생은 '열 가지 큰 서원을 실천하기는 지극히 어렵다'라는 의심[27]을 일으킬 수도 있으며, 또 어떤 중생들은 오랫동안[28] 올바른 뜻으로 이익을 얻지 못하고 안락을 얻지도 못하고 있다는 의혹을 일으킬 수도 있습니다. 그러한 중생들을 안락케 하기 위하여 이제 부처님 앞에서 진실한 서원을 말씀드린 것입니다. 제가 이러한 열 가지 큰 서원을 지닐 수 있으며, 말씀드린 것처럼 행할 수 있다면, 이러한 서원으로 말미암아서 대중들 가운데 마땅히 하늘꽃(天花)이 비처럼 쏟아져 내리고 하늘의 미묘한 소리가 나게 하소서."

승만부인이 이렇게 말했을 때, 허공 중에서 수많은 하늘꽃이 비처럼 쏟아져 내렸으며 미묘한 소리가 들렸다.

"그렇다, 그렇다! 그대가 설한 바 그대로이니 진실하여 틀림이 없다."

하늘꽃을 보고 미묘한 음성을 듣고 나서는, 모든 대중들의 의혹이 모두 제거되었으며, 기뻐함이 한량없어서 원을 발하여 말하였다.

"언제나 승만부인과 함께하며, 언제나 함께 법회에 동참하며, 그분이 행하시는 바를 같이하겠습니다."

세존께서 모든 대중에게 예언하셨다.

"그대들의 원하는 바와 같이 되리라."

제3. 세 가지 큰 원
〔三大願章〕

그때 승만부인이 다시 부처님 앞에서 세 가지 큰 원을 발하면서 이렇게 말하였다.

"이러한 진실한 원으로써 한량없으며 가이없는 중생을 안온케 하며, 이러한 선근으로 모든 생(生)에 올바른 가르침의 지혜를 얻겠습니다. 이를 첫번째 큰 원이라 이름합니다.

제가 올바른 가르침의 지혜를 얻은 뒤에는 싫어하지 않는 마음으로 중생을 위하여 설하겠습니다. 이를 두번째 큰 원이라 이름합니다.

제가 올바른 가르침을 받아들인 뒤에는 몸·목숨·재물을 버리고서 올바른 가르침을 보호해 지니겠습니다. 이를 세번째 큰 원이라 이름합니다."

그때 세존께서는 곧 증명하셨다.

"승만부인의 세 가지 큰 서원은, 마치 모든 형체 있

는 것이 허공 속에 다 포함되는 것과 같다. 이와 같이, 보살들이 세운 갠지스 강의 모래알같이 많은 모든 원 역시 전부 이 세 가지 큰 원 속에 포함된다. 이 세 가지 큰 원은 진실하며 광대한 것이다."

제4. 올바른 가르침을 받아들이는 일
〔攝受正法章〕

하나의 큰 원

그때 승만부인이 부처님께 사뢰어 말하였다.

"저는 이제 다시 부처님의 위신력(威神力)을 이어받아 조복(調伏)하는 큰 원[29]이 진실하여 틀림이 없음을 설하고자 합니다."

부처님께서 승만부인에게 말씀하셨다.

"그대가 설하는 바를 듣겠노라."

승만부인이 부처님께 사뢰었다.

"보살이 세운 바 갠지스 강의 모래알만큼 많은 원은 모두 이 하나의 큰 원 속에 포함되는 것이니, 이른바 올바른 가르침을 받아들이는 일[30]이 바로 그것입니다. 올바른 가르침을 받아들이는 것이야말로 진실로 큰 원입니다."

부처님께서 승만부인을 찬탄하셨다.

"훌륭하다, 훌륭하다! 지혜와 방편이 매우 깊고 미묘하니, 그대는 이미 오랫동안 모든 선의 근본을 심었기 때문이다. 내세의 중생 중에도 오래 선근을 심는 자는 능히 그대가 설한 바를 이해할 수 있을 것이다. 그대가 설하는 바, 올바른 가르침을 받아들이는 일은 과거·미래·현재의 모든 부처님들이 이미 설하였으며 장차 설할 것이며 이제 설하고 있는 바이며, 나 역시 이제 위없는 깨달음을 얻어서 이 올바른 가르침을 받아들이는 일을 항상 설하고 있는 것이다. 이와 같이 내가 올바른 가르침을 받아들이는 일을 설함으로써 얻게 되는 공덕은 가이없으니, 왜냐하면 이렇게 올바른 가르침을 받아들이는 일에는 큰 공덕이 있으며 큰 이익이 있기 때문이다."

올바른 가르침을 받아들이는 일의 광대한 뜻

승만부인이 부처님께 사뢰었다.

"제가 마땅히 부처님의 위신력을 이어받아서 다시금 올바른 가르침을 받아들이는 일의 광대한 뜻을 연설하고자 합니다."

부처님께서 말씀하셨다.

"설하도록 하라."

승만부인이 부처님께 사뢰었다.

"올바른 가르침을 받아들이는 일의 광대한 뜻은 곧 한량이 없으니, 모든 불법을 얻는 것이며 팔만사천 법문(八萬四千法門)[31]을 거두어들이는 일입니다. 비유하면 겁(劫)이 처음 이루어질 때 널리 큰 구름이 일어나고 온 갖 색깔의 비와 갖가지 보배가 내리는 것과 같습니다. 이와 같이 올바른 가르침을 받아들이는 일 역시 한량없는 복의 과보와 한량없는 선근의 비를 내리게 하는 것입니다."

큰 수원(水源)의 비유

"세존이시여, 또한 겁이 처음으로 이루어질 때 큰 수원(水源, 大水聚)이 있어서 삼천대천세계의 모든 보배〔三千大千世界藏〕와 사백억이나 되는 갖가지 세계를 낳은 것과 같습니다. 이와 같이, 올바른 가르침을 받아들이는 일 역시 대승의 한량없는 세계〔無量界藏〕·모든 보살의 신통한 힘·모든 세간의 안온한 쾌락·모든 세간의 자유자재 및 출세간의 안락을 낳게 하는 것입니다. 겁(劫)이 이루어진 일 등[32]은 신이나 인간이 이전에는 경험하지 못한 일이니, 모두 올바른 가르침을 받아들이는 일에서 가능한 것입니다.

또 대지(大地)가 네 가지 무거운 짐, 즉 대해(大海)·모든 산·초목·중생을 짊어지고 있는 것과 같습니다. 이와 같이 올바른 가르침을 받아들인 선남자(善男子)와 선여인(善女人)도 대지를 건립하여 네 가지 무거운 책임을 능히 짊어지려고 합니다. 저 대지는 비유입니다. 어떤 것이 넷인가 하면, 선지식을 떠난 중생·가르침을 듣지 않는 중생·법의 그릇이 아닌 중생들[33]은 인천(人天)의 선근[人天乘]으로써 성숙시키고, 성문을 구하는 자는 성문의 가르침[聲聞乘]을 주고, 연각을 구하는 자는 연각의 가르침[緣覺乘][34]을 주고, 대승을 구하는 자는 대승의 가르침[大乘]을 줍니다. 이를 올바른 가르침을 받아들이는 것이라 이름합니다.[35] 세존이시여, 이와 같이 올바른 가르침을 받아들인 선남자와 선여인은 대지를 건립하여 네 가지 무거운 책임을 능히 짊어짐으로써, 널리 중생을 위하여 청하지 않은 벗[不請之友][36]이 되고 중생을 편안하게 위로하며 불쌍히 여겨서 세상에서 진리의 어머니[法母]가 됩니다.

또한 대지가 네 가지 보배[寶藏], 즉 값을 헤아릴 수 없는 보배·값비싼 보배·중간 정도 값의 보배·값싼 보배를 갖고 있는 것과 같습니다. 이와 같이 올바른 가르침을 받아들인 선남자와 선여인은 대지를 건립하여 중생의 최상의 큰 보배 네 가지를 얻습니다.[37] 어떤 것

올바른 가르침을 받아들이는 일

이 네 가지 보배냐 하면, 올바른 가르침을 받아들인 선남자와 선여인은 가르침을 듣지 않는 중생·법의 그릇이 아닌 중생들에게는 인천(人天)의 공덕과 선근을 주고, 성문을 구하는 자에게는 성문의 가르침을 주고, 연각을 구하는 자에게는 연각의 가르침을 주고, 대승을 구하는 자에게는 대승의 가르침을 줍니다. 그러므로 올바른 가르침을 받아들인 선남자와 선여인으로 말미암아 큰 보배를 얻은 중생은 기특(奇特)하고도 희유한 공덕을 짓게 되는 것입니다. 세존이시여, 큰 보배라는 것은 곧 올바른 가르침을 받아들이는 일입니다."

올바른 가르침을 받아들이는 일과 바라밀

"세존이시여, 올바른 가르침을 받아들이는 일에 대하여 말씀드리겠습니다. 올바른 가르침을 받아들이는 일은 다음과 같습니다. 올바른 가르침을 받아들이는 일은 올바른 가르침 그 자체와 다르지 않으며, 올바른 가르침 그 자체도 올바른 가르침을 받아들이는 일과 다르지 않습니다.[38] 올바른 가르침이 곧 올바른 가르침을 받아들이는 것입니다.[39] 세존이시여, 올바른 가르침을 받아들이는 일은 바라밀과 다르지 않으며, 바라밀이 올바른 가르침을 받아들이는 일과 다르지 않습니다. 올바른 가르침을 받아들이는 일이 곧 바라밀입니다.

왜 그러냐 하면, 올바른 가르침을 받아들인 선남자와 선여인은 마땅히 보시로써 성숙시킬 중생에 대해서는 보시로써 성숙케 하는 것이니, 몸의 일부를 버려서라도 그들의 보리심을 보호하면서 성숙케 합니다. 그렇게 성숙된 중생이 올바른 가르침에 안주하는 것을 보시〔檀〕[40] 바라밀이라 이름하는 것입니다. 마땅히 계율로써 성숙시킬 중생에 대해서는 여섯 가지 감각기관〔六根〕을 수호하며 몸·말·뜻으로 짓는 업을 깨끗이 하는 것이니, 네 가지 위의(威儀)[41]를 올바르게 하여 그들의 보리심을 보호하면서 성숙케 합니다. 그렇게 성숙된 중생이 올바른 가르침에 안주하는 것을 지계〔尸〕[42]바라밀이라 이름하는 것입니다. 마땅히 인욕으로써 성숙시킬 중생은, 만약 저 중생들이 비난·욕설·비방·공포를 퍼붓는다 하더라도 화내지 않는 마음·이익케 하려는 마음·가장 뛰어난 인욕으로써 대하는 것이니, 얼굴빛을 바꾸지 않고 그들의 보리심을 보호하면서 성숙케 합니다. 그렇게 성숙된 중생이 올바른 가르침에 안주하는 것을 인욕〔羼提〕[43]바라밀이라 이름하는 것입니다. 마땅히 정진으로써 성숙시킬 중생에 대해서는, 그 중생들에게 게을러지려는 마음을 내지 않으며 큰 욕심을 내며[44] 가장 훌륭하게 정진하는 것이니, 네 가지 위의 가운데서도 그들의 보리심을 보호하며 성숙시킵니다. 그렇게 성숙된 중생이 올바른 가르침에 안주하는 것을 정진(毘梨耶)[45] 바라밀이라 이름합니다. 마땅히 선정으로써 성숙시킬 중생에 대해서는, 그 중생들에게 어지럽지 않은 마음·밖으로 향하지 않는 마음·가장 훌륭한 정념(正念)으로써 하여 오래 전에 행한 바와 오래 전에 설한 바를 마침내 잊지 않으며 그들의 보리심을 보호하면서 성숙시킵니다. 그렇게 성숙된 중생이 올바른 가르침에 안주하는 것을 선정바라밀이라 이름합니다. 마땅히 지혜로써 성숙시킬 중생에 대해서는, 그러한 모든 중생들이 일체의 뜻을 물어 온다면, 두려움 없는 마음으로써 모든 논서·모든 학문(工巧)·구경의 지혜·갖가지 교묘한 일로써 연설하면서 그들의 보리심을 보호하여 성숙시킵니다. 그렇게 성숙된 중생이 올바른 가르침에 안주하는 것을 반야바라밀이라 이름합니다. 그러므로, 세존이시여, 올바른 가르침을 받아들이는 일이 바라밀과 다르지 않으며 바라밀이 올바른 가르침을 받아들이는 일과 다르지 않습니다. 올바른 가르침을 받아들이는 일이 곧 바라밀입니다."

올바른 가르침을 받아들이는 일과 그 사람

"세존이시여, 제가 이제 부처님의 위신력을 이어받아

서 다시 크나큰 뜻을 말하고자 합니다."

부처님께서 말씀하셨다.

"설해보라."

승만부인이 부처님께 올바른 가르침을 받아들이는 일에 대하여 사뢰었다.[46]

"올바른 가르침을 받아들이는 일이라는 것은 다음과 같습니다.[47] 올바른 가르침을 받아들이는 사람은 올바른 일을 받아들이는 일과 다르지 않으며, 올바른 가르침을 받아들이는 일은 올바른 가르침을 받아들이는 사람과 다르지 않습니다. 곧 올바른 가르침을 받아들인 선남자와 선여인이 곧 올바른 가르침을 받아들이는 일입니다.[48] 왜 그러냐 하면, 만약 올바른 가르침을 받아들인 선남자와 선여인이 올바른 가르침을 받아들이고자 한다면 세 가지를 내버려야 하기 때문입니다. 이른바 몸·목숨·재물이 그것입니다.

선남자와 선여인이 몸을 버릴 수 있다면 생사·윤회의 맨 마지막과 같아질 것이며,[49] 늙음·병·죽음을 떠나며, 부서지지 않으며, 항상 머무르며, 변화가 없으며, 가히 생각할 수 없는 공덕을 갖춘 여래의 법신(法身)을 얻을 것입니다.[50] 목숨을 버릴 수 있다면 생사·윤회의 맨 마지막과 같아질 것이며, 마침내는 죽음을 떠나서 가이없고, 항상 머무르며, 가히 생각할 수 없는 공덕을 얻어서 모든 깊고깊은 부처님 법을 통달하게 될 것입니

올바른 가르침을 받아들이는 일
173

다. 재물을 버릴 수 있다면 생사·윤회의 맨 마지막과 같아질 것이며, 모든 중생과 함께하지 않으며, 다함없으며, 줄어들지 않으며, 마침내 항상 머무르며, 가히 생각할 수 없이 구족(具足)한 공덕을 얻으며, 모든 중생의 뛰어난 공양을 얻게 될 것입니다.

세존이시여, 이와 같이 세 가지를 버리는 선남자와 선여인은 올바른 가르침을 받아들여서 언제나 모든 부처님으로부터 예언을 받게 되며, 모든 중생으로부터 우러름을 받게 될 것입니다.

세존이시여, 또 선남자와 선여인이 올바른 가르침을 받아들이는 일은 다음과 같습니다. 비구·비구니·우바새·우바이들이 붕당(朋黨)을 지어서 서로 다투어 송사하여 승가의 화합을 깨뜨리고 이산하여 가르침이 장차 멸하고자 할 때 굽지 않고 속이지 않으며 거짓되지 않음으로써 올바른 가르침을 받아들이고 진리의 길벗 속에 들어가는 것입니다. 진리의 길벗 가운데 든 자는 반드시 모든 부처님의 예언을 받을 것입니다. 세존이시여, 저는 올바른 가르침을 받아들이는 일에 이와 같은 큰 힘이 있음을 봅니다. 부처님께서는 진실한 눈, 진실한 지혜이시며, 가르침의 근본이시며, 진리에 통달하시며, 올바른 가르침의 의지처이시며, 역시 모두 다 보고 아시는 분입니다."

올바른 가르침을 받아들인 사람

그때 세존께서는 승만부인이 설한 바 올바른 가르침을 받아들이는 일의 큰 정진력(精進力)에 대하여 함께 기뻐하는 마음〔隨喜心〕을 일으키시고, 다음과 같이 말씀하셨다.

"그렇다, 승만이여! 그대가 설하는 바와 같다. 올바른 가르침을 받아들이는 일의 큰 정진력은 큰 힘을 가진 역사(力士)가 조금이라도 몸에 닿으면 큰 고통을 낳는 것과 같다. 그렇다. 승만이여! 조금만 올바른 가르침을 받아들여도 악마를 크게 괴롭히는 것이니, 다른 어떤 선법(善法)도 악마를 그렇게 크게 괴롭히는 것을 나는 본 일이 없다.

또한, 소 중의 왕〔牛王〕은 모습이 비할 바 없어서 모든 소보다 더 뛰어난 것과 같다. 이와 같이 대승을 믿는 자는 조금이라도 올바른 가르침을 받아들이면 모든 이승(二乘)[51]의 선근보다도 더 뛰어난 것이니, 이는 광대하기 때문이다.

또한, 마치 수미산이 단정하고 엄숙하여 모든 산보다 뛰어난 것과 같다. 이와 같이 대승을 믿는 자로서 몸·목숨·재물[52]을 버리는 자는, 받아들이려는 마음으로 올바른 가르침을 받아들임으로써 몸·목숨·재물을 버

리지 않고서 처음으로 대승의 모든 선근에 머무는 자보
다 더 뛰어나다. 그런데 하물며 이승이겠는가, 이 또한
광대하기 때문이다.

그러므로 승만이여, 마땅히 올바른 가르침을 받아들
임으로써 중생을 열어 주고 보여 주며, 중생을 교화하
며, 중생을 건립(建立)할지니라.

승만이여, 올바른 가르침을 받아들이는 일은 이와 같
은 큰 이익이 있으며 이와 같은 큰 복이 있으며 이와
같은 큰 과보가 있는 것이다. 승만이여, 나는 아승지아
승지겁[53]에 올바른 가르침을 받아들이는 일의 공덕과
이익을 설한다고 하여도 가이없을 것이다. 그러므로 올
바른 가르침을 받아들이는 일은 한량없으며 가이없는
공덕이 있는 것이다."

제5. 하나의 길
〔一乘章〕

대승, 모든 법의 근원

부처님께서 승만에게 말씀하셨다.

"그대가 이제 다시 모든 부처님께서 설한 바 올바른 가르침을 받아들이는 일에 대하여 설하여라."

승만이 부처님께 사뢰었다.

"훌륭하십니다, 세존이시여! 오직 부처님의 분부를 따르겠습니다."

그리고, 곧 부처님께 사뢰어 말씀하였다.

"세존이시여, 올바른 가르침을 받아들이는 일은 곧 대승〔摩訶衍〕[54]입니다. 왜 그러냐 하면, 대승이라는 것은 모든 성문·연각의 세간·출세간의 선법(善法)을 낳기 때문입니다. 세존이시여, 아뇩대지(阿耨大池)에서 여덟 개의 큰 강이 생기는 것과 같습니다. 이와 같이 대

승은 모든 성문·연각과 세간·출세간의 선법을 낳습
니다.[55)]

세존이시여, 또한 모든 씨앗이 대지(大地)에 의지하
여 자라는 것과 같이 모든 성문·연각의 세간·출세간
의 선법도 대승에 의지하여 자라는 것입니다.[56)] 그러므
로 세존이시여, 대승에 머무르며 대승을 받아들이는 것
이 곧 이승(二乘)에 머물러서 이승의 세간·출세간의
선법을 받아들이는 것이 됩니다.”

여섯 가지 요점

“마치 세존께서 설하시는 여섯 가지 요점[六處]과 같
습니다. 여섯 가지 요점이란, 올바른 가르침의 유지[正
法住]·올바른 가르침의 소멸[正法滅]·계본[波羅提木
叉][57)]·교단의 규범[毘尼][58)]·출가하는 것·구족계[59)]를
받는 것입니다. 대승을 위하기 때문에 이러한 여섯 가
지 요점을 설하는 것입니다. 왜 그러냐 하면 올바른 가
르침의 유지는 대승을 위하기 때문이니, 대승의 유지가
곧 올바른 가르침의 유지라고 설하는 것입니다. 올바른
가르침의 소멸은 대승을 위하기 때문이니, 대승의 소멸
이 곧 올바른 가르침의 소멸이라고 설하는 것입니다.
계본과 교단의 규범, 이 두 가지는 뜻은 하나인데 이름

만 다른 것입니다. 교단의 규범은 곧 대승의 배움입니다. 그것은 부처님에 의지하여 출가하여서 구족계를 받기 때문입니다. 그러므로 대승의 계〔大乘威儀戒〕가 교단의 규범이며, 출가이며, 구족계를 받는 것이라 설하는 것입니다. 즉 아라한의 길에는 출가도 구족계를 받음도 없는 것입니다.[60] 왜 그러냐 하면, 아라한 스스로도 여래에게 의지하여 출가하고 구족계를 받기 때문입니다."[61]

아라한의 귀의

"아라한은 부처님께 귀의합니다.[62] 아라한은 두려워하고 있습니다. 왜냐하면, 모든 지어진 것〔行〕[63]에 대해서 두려워하는 생각이 있기 때문입니다. 마치 칼을 갖고 자기를 해치러 오는 어떤 사람을 만나는 것과 같습니다. 그러므로 아라한은 완전한 즐거움이 없습니다. 세존이시여, 의지처는 다시 의지할 대상을 구하지 않기 때문입니다.[64] 마치 의지처가 없는 중생은 그러한 두려움이 있으며, 그러한 두려움으로 말미암아 곧 귀의처를 구하는 것과 같습니다. 아라한의 경우에도 두려움이 있으며, 두려움으로 말미암아 여래에게 의지합니다."

여래만이 얻는 열반의 세계

"세존이시여, 아라한과 벽지불은 두려움을 갖습니다. 또한 아라한과 벽지불에게는 업의 잔재가 남아 있습니다(有餘). 윤회·재생으로 이어지는 성질(生法)이 다하지 않았으므로 태어남이 있으며 업의 잔재가 있습니다. 청정한 행[65]이 이루어지지 않았으므로 순수하지 않으며, 일이 완전하지 않으므로 마땅히 지어야 할 바가 있습니다. 피안에 이르지 못했으므로 마땅히 끊어야 할 바가 있습니다. 끊지 못하므로 열반의 세계와는 거리가 먼 것입니다. 왜 그러냐 하면, 오직 여래·응공·정등각만이 완전한 열반을 얻으며 모든 공덕을 성취하기 때문이며, 아라한과 벽지불은 모든 공덕을 성취하지 못하기 때문입니다.

'열반을 얻는다'[66]는 것은 오직 부처님의 방편일 뿐이니 오직 여래만이 완전한 열반을 얻으며, 한량없는 공덕을 성취합니다. 아라한과 벽지불은 한량이 있는 공덕을 성취할 뿐입니다. '열반을 얻는다'는 것은 오직 부처님의 방편일 뿐이니 오직 여래만이 완전한 열반을 얻으며, 가히 생각할 수 없는 공덕을 성취하는 것입니다. 아라한과 벽지불은 생각할 수 있는 공덕만을 성취할 뿐입니다. '열반을 얻는다'는 것은 오직 부처님의 방편일 뿐이니 오직 여래만이 완전한 열반을 얻으며, 마땅히 끊어야 할 모든 허물을 모두 끊으며 가장 훌륭한 청정을 성취하는 것입니다. 아라한과 벽지불은 허물을 남겨 가장 훌륭한 청정을 성취할 수 없습니다. '열반을 얻는다'는 것은 오직 부처님의 방편일 뿐이니, 오직 여래만이 완전한 열반을 얻어서 모든 중생이 존중하는 바 되며 아라한·벽지불·보살의 경계를 넘어서는 것입니다. 그러므로 아라한과 벽지불은 열반의 세계와는 거리가 먼 것입니다. '아라한과 벽지불이 해탈의 네 가지 지혜[67]를 관찰하며 마침내 번뇌가 쉬는 경지[蘇息處]를 얻는다'는 것 역시 여래의 방편이니, 업의 잔재를 남기는 것이고 궁극적인 뜻을 다 드러내지 못한 가르침[不了義說][68]일 뿐입니다."

두 가지 죽음

"왜냐하면, 두 가지 죽음이 있기 때문입니다. 두 가지 죽음이란 이른바 육체적 죽음[分段死]과 부사의한 변화로서의 죽음[不思議變易死]입니다. 육체적 죽음은 거짓된 중생의 죽음을 말하는 것이며, 부사의한 변화로서의 죽음은 아라한·벽지불·대력(大力)보살의 의생신(意生身)[69]이며 궁극적으로 위없는 깨달음입니다.[70]

두 가지 죽음 가운데 육체적 죽음으로 말미암아 아라한과 벽지불의 지혜―'나의 생은 이미 다했다'〔我生已盡〕―를 설하게 됩니다. 업의 잔재가 남게 되는 과보를 얻기 때문에 '청정한 행은 이미 완성했다'〔梵行已立〕고 설하게 됩니다. 범부와 인천(人天)의 과보를 얻을 중생은 능히 판단하지 못하고, 아라한이 되기 전 일곱 단계의 성자[71]들은 그 이전에는 끊지 못하였던 허망한 번뇌를 끊었으므로 '지어야 할 바는 모두 마쳤다'〔所作已辦〕고 설하게 됩니다. 아라한과 벽지불이 끊은 바 번뇌는 다시 미래의 윤회하는 삶〔後有〕을 받지 않으므로 '미래의 윤회하는 삶을 받지 않는다'〔不受後有〕고 설하는 것입니다.[72] 그러나, 사실은 모든 번뇌를 다 없앤 것도 아니며 또한 다시는 모든 생을 받는 것을 다한 것도 아니기 때문에 '다시는 미래의 윤회하는 삶을 받지 않는다'고 설하는 것입니다. 왜냐하면, 번뇌가 있기 때문입니다."

번뇌, 그 계보

"이와 같이 아라한과 벽지불이 능히 끊지 못한 번뇌에는 두 가지가 있는데 잠재적 번뇌〔住持煩惱〕[73]와 현재적 번뇌〔起煩惱〕가 그것입니다. 다시 잠재적 번뇌에는 한 곳만을 보는 편견 속에 잠재되어 있는 번뇌〔見一處住持煩惱〕·욕망의 집착 속에 잠재되어 있는 번뇌〔欲愛住持煩惱〕·육체의 집착 속에 잠재되어 있는 번뇌〔色愛住持煩惱〕·윤회 생존의 집착 속에 잠재되어 있는 번뇌〔有愛住持煩惱〕의 네 가지가 있습니다. 이 네 가지 잠재적 번뇌가 모든 현재적 번뇌를 일으키는 것입니다. 현재적 번뇌는 찰나의 일이니 찰나의 마음에 상응하여 일어나는 것입니다. 세존이시여, 마음과 서로 상응하지 않는 것이 언제 비롯되었는지 알 수 없는 무명의 잠재적 번뇌〔無始無明住持煩惱〕[74]입니다. 세존이시여, 이러한 네 가지 잠재적 번뇌의 힘은 모든 부수적 번뇌〔上煩惱〕의 의지할 종자가 되는 것이지만, 무명의 잠재적 번뇌의 큰 힘에 비교하면 산수(算數)나 비유로도 미칠 수 없는 것입니다.

세존이시여, 이와 같이 무명의 잠재적 번뇌는 욕망의 집착 속에 잠재되어 있는 번뇌나 네 가지 잠재적 번뇌보다 힘이 있습니다. 무명의 잠재적 번뇌의 힘이 가장 큰 것입니다. 마치 악마 파순(波旬)이 타화자재천보다도 모습·힘·수명·도구·자재가 뛰어난 것과 같습니다.

무명의 잠재적 번뇌의 힘이 윤회 생존의 집착 속에 잠재되어 있는 번뇌나 네 가지 잠재적 번뇌보다도 그 힘이 가장 뛰어난 것이니, 갠지스 강의 모래알만큼이나 많은 부수적 번뇌의 의지하는 바 되며, 역시 네 가지 잠재적 번뇌를 오래 머물도록 하는 것입니다. 아라한과 벽지불의 지혜로도 능히 끊지 못하며 오직 여래의 깨달음의 지혜가 능히 끊을 바입니다. 이와같이 세존이시여, 무명의 잠재적 번뇌가 가장 힘이 센 것입니다."75)

부처님만이 끊을 수 있는 번뇌

"세존이시여, 또한 집착[取]이 유루(有漏)의 업인(業因)으로 말미암아 세 가지 존재[三有]76)를 낳는 것과 같이, 이러한 무명의 잠재적 번뇌 역시 무루업(無漏業)77)의 원인으로 말미암아 아라한·벽지불·대력(大力)보살의 세 가지 의생신(意生身)을 낳는 것입니다. 이러한 세 가지 지위78)와 그러한 세 가지 의생신의 생79) 및 무루업의 생은 무명의 잠재적 번뇌에 의지한 것이므로 연이 있는 것이지 연이 없는 것이 아닙니다. 그러므로 세 가지 의생신 및 무루업은 무명의 잠재적 번뇌로 말미암은 것입니다. 세존이시여, 이와 같이 윤회 생존의 집착 속에 잠재되어 있는 번뇌와 네 가지 잠재적 번뇌는 무명의 잠재적 번뇌의 업과 함께하는 것이 아닙니다. 무명의 잠재적 번뇌는 네 가지 잠재적 번뇌를 떠나는 것과 달라서,80) 불지(佛地)에서 끊는 바이며 부처님

의 깨달음의 지혜로써 끊는 바입니다. 왜냐하면, 아라한
과 벽지불도 네 가지 잠재적 번뇌는 끊을 수 있지만 무
루업은 다 끊지 못해서 자재력을 얻지 못하며 역시 깨
달음을 얻지 못합니다. 무루업을 다 끊지 못하는 것은
곧 무명의 잠재적 번뇌 때문입니다."

불완전한 열반

대혜이시여, 아라한·벽지불·최후신(最後身)의 보
살은 무명의 잠재적 번뇌에 덮여 있기 때문에 저러한
모든 법에 대하여 알지 못하고 깨닫지 못합니다. 알지
못하기 때문에 마땅히 끊어야 할 바를 끊지 못하며 구
경(究竟)에 이르지 못합니다. 끊지 못하기 때문에 나머
지 허물이 남아 있는 해탈[有餘過解脫]이라 이름하며,
모든 허물을 떠나 있는 해탈이 아니기 때문에 업의 잔
재가 남아 있는 청정[有餘淸淨]이라 이름합니다. 모든
청정이 아니기 때문에 업의 잔재가 남아 있는 공덕[有
餘功德]을 성취할 뿐이라 이름합니다. 모든 공덕을 성취
하는 것이 아니기 때문에 업의 잔재가 남아 있는 해탈,
업의 잔재가 남아 있는 청정, 업의 잔재가 남아 있는
공덕을 이루는 것입니다. 그러므로 업의 잔재가 남아
있는 괴로움[苦]을 알며, 업의 잔재가 남아 있는 괴로

움의 원인[集]을 끊으며, 업의 잔재가 남아 있는 괴로
움의 소멸을 증득하며[滅], 업의 잔재가 남아 있는 괴
로움의 소멸에 이르는 길[道]을 닦는 것이니, 이를 불
완전한 열반을 얻을 뿐이라고 이름하는 것입니다. 불완
전한 열반을 얻는다 함은 열반의 세계를 향하는 것이라
이름합니다."

열반의 맛

"누구라도 모든 괴로움을 알고 모든 괴로움을 일으키
는 집착을 끊으며 모든 괴로움의 소멸을 증득하고 모든
괴로움의 소멸에 이르는 길을 닦는다면, 무상하게 부서
지는 세간·무상하게 병든 세간에서 항상 머무르는 열
반을 얻을 것이며, 보호해 주는 이 없는 세간·의지할
이 없는 세간에서 보호해 주는 이가 되고 의지할 이가
될 것입니다. 왜 그러냐 하면, 법에는 뛰어남과 열등함
이 없기 때문에 열반을 얻으며, 지혜가 평등하기 때문
에 열반을 얻으며, 해탈이 평등하기 때문에 열반을 얻
으며, 청정이 평등하기 때문에 열반을 얻습니다. 그러므
로 열반은 하나의 맛[一味]이고 같은 맛[等味]이니, 이
른바 해탈의 맛[解脫味]입니다.
  세존이시여, 만약 무명의 잠재적 번뇌를 끊지 못하고

다 마치지 못한 사람은 하나의 맛·같은 맛 —이른바 지혜의 맛·해탈의 맛— 을 얻지 못합니다. 왜 그러냐 하면, 무명의 잠재적 번뇌를 끊지 못하고 다 마치지 못한 사람은 갠지스 강의 모래알보다도 더 많은 마땅히 끊어야 할 법을 다 끊지 못했으며 다 마치지 못했기 때문입니다. 갠지스 강의 모래알보다도 더 많은 마땅히 끊어야 할 법을 끊지 못했으므로 갠지스 강의 모래알보다도 더 많은 법을 마땅히 얻어야 하는데도 얻지 못하고 마땅히 깨달아야 하는데도 깨닫지 못하는 것입니다.[81] 그러므로 무명의 잠재적 번뇌가 쌓여서 모든 수도(修道)를 통해서 끊어야 할 번뇌와 부수적 번뇌를 낳으며, 그것은 마음을 장애하는 번뇌[82]·지(止)를 장애하는 번뇌·관찰[觀]을 장애하는 번뇌·선정을 장애하는 번뇌·삼매[正受]를 장애하는 번뇌·방편을 장애하는 번뇌·지혜를 장애하는 번뇌·과보를 장애하는 번뇌·얻음을 장애하는 번뇌·힘[力]을 장애하는 번뇌·두려움 없음을 장애하는 부수적 번뇌 등을 낳습니다.[83] 이와 같이 갠지스 강의 모래알보다도 더 많은 부수적 번뇌는 여래의 보리·지혜가 끊어야 할 바이니, 그 모든 것은 모두 무명의 잠재적 번뇌가 지은 바입니다. 모든 부수적 번뇌가 일어나는 것은 모두 무명의 잠재적 번뇌를 원인으로 하고 무명의 잠재적 번뇌를 조건으로 하는 것입니다."

무명의 잠재적 번뇌를 끊어야

"세존이시여, 여기서 현재적 번뇌는 찰나의 마음을 찰나에 상응하여 일어나는 것입니다. 세존이시여, 마음과 서로 상응하지 않는 것이 언제 비롯되었는지 알 수 없는 무명의 잠재적 번뇌[無始無明住持煩惱]입니다. 세존이시여, 여래의 보리·지혜가 마땅히 끊어야 할 법이 갠지스 강의 모래알보다도 더 많더라도, 그 모든 것은 모두 무명의 잠재적 번뇌가 지니는 바 되고 건립하는 바 됩니다. 비유하면, 마치 모든 씨앗이 모두 땅에 의지하여 나고 건립하고 자라는 것과 같습니다. 만약 땅이 무너지면 그 씨앗도 무너지는 것과 같아서, 이와 같이 여래의 보리·지혜가 마땅히 끊어야 할 법이 갠지스 강의 모래알보다 더 많더라도 모두 무명의 잠재적 번뇌에 의지해서 나고 건립하고 자라는 것입니다. 만약 무명의 잠재적 번뇌가 끊어지면 여래의 보리·지혜가 마땅히 끊어야 할 법이 갠지스 강의 모래알보다도 더 많더라도 모두 따라서 끊어지게 됩니다. 이와 같이 해서 모든 번뇌와 부수적 번뇌를 끊고, 여래가 얻을 바 모든 법 —갠지스 강의 모래알보다도 더 많은— 에 통달하며 모든 지견에 걸림없이 되고 모든 과악(過惡)을 떠나며 모든 공덕을 얻은 법왕·법의 주재자로서 자재를 얻으며 모든 법의 자재로운 경지에 오를 수 있을 것입니다. 여래·응공·등정각께서는 "나의 생은 이미 다했으며, 청정한 행은 이미 완성했으며, 지어야 할 바는 이미 마쳤으며, 미래의 윤회하는 삶은 받지 않는다"라고 사자후(獅子吼)하십니다. 그러므로 세존께서는 궁극적인 가르침에 의지하여 총체적 설명〔一向記〕[84]을 설하셨습니다."

두 가지 지혜

"세존이시여, '미래의 윤회하는 삶을 받지 않는' 지혜에 두 가지가 있습니다. 이른바 여래는—위없는 조어(調御)로서 네 가지 마〔四魔〕[85]를 항복받고, 모든 세간을 벗어나서 모든 중생의 존경을 받는— 불가사의한 법신을 얻으며 모든 알아야 할 대상 경계에 대하여 걸림없는 법의 자재를 얻습니다. 이 위에 다시 지어야 할바도 없으며 얻어야 할 바도 없는 경지에서 십력(十力)[86]이 용맹해지고 제일이며 위없는 무외(無畏)의 경지에 올라갑니다. 모든 알아야 할 대상경계를 걸림없는 지혜로 관찰하는 데는 다른 것에 말미암지 아니하므로 '미래에 윤회하는 삶을 받지 않는 지혜'라고 사자후하는 것입니다.[87]

세존이시여, 아라한과 벽지불은 생사의 두려움을 건

너서 차례로 해탈의 기쁨을 얻어서 즐거이, '나는 생사의 공포를 떠났으니 생사의 괴로움을 받지 않을 것이다'라고 생각하였습니다. 그러므로 세존이시여, 아라한과 벽지불이 관찰할 때는 '미래의 윤회하는 삶을 받지 않게 되고', 가장 뛰어난 안식처(蘇息處)인 열반의 경지에 처하게 되는 것입니다.[88] 세존이시여, 저들이 앞에서 얻은 바 열반의 경지는 법에 어리석지 않아서, '다른 사람으로 말미암지 않고 스스로 불완전한(有餘) 지위를 얻었지만, 반드시 위없이 바른 깨달음을 얻으리라'고 아는 것입니다. 왜 그러냐 하면, 성문승과 연각승은 모두 대승에 들기 때문입니다. 대승은 곧 부처님의 길(佛乘)입니다.[89] 그러므로 세 가지 길은 곧 하나의 길이며 하나의 길을 얻는 자는 위없이 바른 깨달음을 얻는 것입니다. 위없이 바른 깨달음은 열반의 세계입니다. 열반의 세계는 곧 여래의 법신입니다.[90] 궁극적인 법신을 얻음은 곧 궁극적인 하나의 길을 얻는다는 것입니다. 법신은 여래와 다르지 않고, 여래는 법신과 다르지 않으니, 여래가 곧 법신입니다. 궁극적인 법신을 얻는다는 것은 궁극적인 하나의 길을 얻는 것입니다. 궁극적이라는 것은 가이없으며 끊어짐이 없는 것입니다."[91]

여래에의 귀의

"세존이시여, 여래는 한량없는 시간 동안 머뭅니다. 여래·응공·등정각은 미래의 끝(後際)과 나란히 머무릅니다.[92] 여래는 한량없으며, 크게 자비로우심(大悲) 또한 한량없고, 세간을 편안케 하심도 한량없습니다. 세간을 편안케 하는 데 이러한 설을 짓는 것은 잘 설하는 것이라 이름합니다. 여래가 만약 다시 '다함없는 법·상주하는 법은 모든 세간의 귀의를 받는 것이라'고 말씀하신다면 역시 잘 설하는 것이라 이름합니다. 그러므로 여래는 아직 제도하지 못한 세간·의지하지 못하는 세간에 있어서 미래의 끝과 같아져서 다함없는 귀의·상주하는 귀의를 짓는다고 한다면, 이른바 여래·응공·등정각입니다. 법은 하나의 길(一乘)[93]이고 승(僧)은 세 가지 길(三乘)[94]의 무리를 말하는 것입니다. 이 두 가지 귀의는 궁극적인 귀의는 아니며 불완전한 귀의라고 이름하는 것입니다. 왜냐하면, 하나의 길을 설하는 것은 궁극적인 법신을 얻는 것이며, 이 위에 다시 하나의 길의 법신을 설함이 없는 것입니다. 세 가지 길의 무리들은 공포가 있어서 여래에게 귀의하여 벗어남을 구하며 수학(修學)하는 것이니, 위없이 올바른 깨달음을 향하는 것입니다. 그러므로 두 가지 귀의는 궁극적인 귀의가 아니며 한계가 있는 귀의입니다.

만약 어떤 중생이 여래에게 조복하여 귀의하면 법의 은혜를 얻게 되고 믿고 즐기는 마음을 내게 될 것입니다. 법과 승의 두 가지 귀의는 단순히 두 가지 귀의가 아니라 여래에게 귀의하는 것입니다. 제일의(第一義)[95]에 귀의하는 것은 여래에게 귀의하는 것입니다. 이러한 두 가지 귀의와 제일의는 궁극적으로 여래에게 귀의하는 것입니다. 왜 그러냐 하면, 두 가지 귀의는 여래와 다르지 않고, 여래는 두 가지 귀의와 다르지 않으므로, 여래는 곧 삼귀의(三歸依)이기 때문입니다. 왜 그러냐 하면, 하나의 길을 설하는 것은 여래가 네 가지 무외를 성취하여 사자후를 설하는 것입니다. 여래가 하고자 하는 바의 방편으로 설하는 것이 곧 대승입니다. 세 가지 길이 없으며, 세 가지 길이라고 하는 것은 하나의 길에 들어가는 것입니다. 하나의 길이라는 것은 곧 제일의의 길입니다."

제6. 다함없는 진리
〔無邊聖諦章〕

"세존이시여, 성문과 연각이 처음으로 성스러운 진리를 관찰[96]할 때에 하나의 지혜로써 모든 잠재적 번뇌를 끊는 것이 아니며, 하나의 지혜로써 네 가지 지혜의 모든 공덕을 끊는 것도 아니고, 또한 법으로써 능히 이러한 네 가지 법의 뜻을 잘 알 수 있는 것이 아닙니다. 또한 이러한 네 가지 법의 뜻을 잘 압니다.[97] 세존이시여, 세간을 벗어나는 최고의 지혜에는 점진적으로 이르게 되는 네 가지 지혜〔四智〕도 없으며, 점진적으로 이르게 되는 네 가지 대상〔四緣〕도 없습니다.[98] 점진적으로 이르게 되는 법이 없는 것이 세간을 벗어나는 최고의 지혜입니다.

세존이시여, 금강석과 같다〔金剛喩〕고 하는 것은 곧 제일의(第一義)의 지혜입니다.[99] 세존이시여, 성문과 연각은 무명의 잠재적 번뇌를 끊지 않았으므로 처음 관찰

한 성스러운 진리의 지혜가 제일의의 지혜라고 말할 수
는 없습니다. 세존이시여, 두 가지[100] 진리를 아는 지혜
로써 여러 가지 잠재적 번뇌를 끊습니다. 세존이시여,
여래·응공·등정각은 모든 성문이나 연각의 경지가
아니고 부사의한 공의 지혜이니, 모든 번뇌의 더미를
끊습니다. 세존이시여, 만약 모든 번뇌의 더미가 무너진
다면 구경의 지혜가 곧 제일의의 지혜라고 이름하는 것이
이며, 처음 관찰한 성스러운 진리의 지혜는 궁극적인
지혜가 아니며 다만 위없이 바른 깨달음의 지혜를 지향
하는 것입니다.

세존이시여, 성스러운 뜻이라는 것은 모든 성문이나
연각에 대해서 하는 말은 아닙니다. 성문과 연각은 유
한한 공덕을 성취할 뿐이며, 성문과 연각은 불완전한
공덕을 성취할 뿐이므로, 이름해서 '성스럽다'고 하는
것입니다. 성스러운 진리라는 것은, 성문이나 연각의 진
리가 아니며, 또한 성문과 연각의 공덕도 아닙니다. 세
존이시여, 이러한 진리는 여래·응공·등정각이 처음으
로 비로소 깨달아 아는 것이지만, 그 뒤에도 무명의 껍
질에 싸여 있는 세간을 위해서 출현하여 연설하므로 성
스러운 진리라고 이름하는 것입니다."

제7. 여래장
〔如來藏章〕

　"성스러운 진리란 매우 깊은 뜻을 설하는 것이며, 미세하므로 알기 어려운 것이며, 생각으로 헤아릴 수 있는 경계가 아닙니다. 이는 지혜로운 사람의 알 바이며, 모든 세간 사람들이 능히 믿을 바가 아닌 것입니다. 왜냐하면, 이는 매우 깊은 여래의 씨앗〔如來藏〕[101]을 설하기 때문입니다. 여래장이라는 것은, 곧 여래의 경계이며 모든 성문이나 연각의 알 바는 아닙니다. 여래장의 차원에서 성스러운 진리의 뜻을 설하는 것입니다. 여래장의 차원이 매우 깊기 때문에 성스러운 진리를 설하는 것 역시 매우 깊고 미세하여 알기 어려운 것이며, 생각으로 헤아릴 수 있는 경계가 아닙니다.[102] 이는 지혜로운 사람의 알 바이며, 모든 세간 사람들은 능히 믿을 바가 아닌 것입니다."

제8. 법신
〔法身章〕

"만약 한량없는 번뇌의 더미에 싸여 있는 여래장에 대해서 의심하지 않는다면, 한량없는 번뇌의 더미에서 벗어난 법신에 대해서도 의심하지 않을 것입니다.[103] 여래장 · 여래의 법신 · 부사의한 부처님의 경계 및 방편을 설함에 대하여 마음으로 확신할 수 있다면, 이러한 사람은 곧 두 가지 성스러운 진리를 설함을 신해(信解)할 것입니다. 이렇게 알기 어렵고 이해하기 어려운 것은, 이른바 두 가지 성스러운 진리의 뜻을 설하는 것입니다.

어떤 것이 두 가지 성스러운 진리의 뜻이냐 하면, 이른바 지음이 있는〔有作〕 성스러운 진리의 뜻을 설하는 것과 지음이 없는〔無作〕 성스러운 진리의 뜻을 설하는 것입니다.[104] 지음이 있는 성스러운 진리의 뜻을 설하는 것은 곧 유한한 네 가지 성스러운 진리를 설하는 것입니다. 왜냐하면 다른 사람으로 인해서 능히 모든 괴로움을 알 수 있으며, 모든 괴로움의 원인을 끊을 수 있으며, 모든 괴로움의 소멸을 얻을 수는 있으나 모든 괴로움의 소멸에 이르는 길을 닦을 수 있는 것은 아니기 때문입니다. 그러므로 세존이시여, 함이 있는 생사와 함이 없는 생사가 있으며, 열반도 역시 이와 같아서 남음이 있는 열반[有餘涅槃]과 남음이 없는 열반[無餘涅槃]이 있습니다.

지음이 없는 성스러운 진리의 뜻을 설한다는 것은 무한한 네 가지 진리의 뜻을 설하는 것입니다. 왜냐하면 능히 스스로의 힘으로 모든 괴로움을 받을 줄 알고 모든 괴로움의 원인을 끊을 줄 알며, 모든 괴로움의 소멸을 증득하며, 모든 괴로움의 소멸에 이르는 길을 닦습니다. 이와 같은 여덟 가지 성스러운 진리[105]는 곧 여래가 설한 네 가지 진리입니다. 이와 같은 네 가지의 지음이 없는 성스러운 진리의 뜻은 오직 여래·응공·등정각의 궁극적인 일이며 아라한·벽지불의 궁극적인 일이 아니니, 왜냐하면 하(下)·중(中)·상(上)의 법으로써 열반을 얻는 것이 아니기 때문입니다. 왜냐하면 여래·응공·등정각은 지음이 없는 네 가지 진리의 뜻에 대하여 궁극적인 경계를 얻는 것인데, 모든 여래·응공·등정각으로서 모든 미래의 괴로움을 알고 모든 번뇌와 부수적 번뇌가 거두어들이는 모든 괴로움의 원인을 알며, 모든 의생신(意生身)을 멸하며 모든 괴로움을 멸하여 깨달음을 짓기 때문입니다.

　세존이시여, 존재의 소멸을 괴로움의 소멸이라고 이름하지 않습니다.[106] 이른바 괴로움의 소멸이라고 하는 것은, 비롯함이 없고·지음이 없으며·일으킴이 없고·다함이 없으며·다함을 떠나 있으며·상주하며·자성이 청정하며·모든 번뇌의 더미를 떠나는 것입니다. 세존이시여, 갠지스 강의 모래알보다 더 많으며·떠나지도 않고·벗어나지도 않으며[107]·다르지 않으며·헤아릴 수 없는 불법을 성취하여 여래의 법신을 설하는 것입니다. 세존이시여, 이와 같이 여래의 법신은 번뇌의 더미를 떠나지 않으므로[108] 여래장이라 이름하는 것입니다."

제9. 공의 두 가지 진실한 모습
〔空義隱覆眞實章〕

"세존이시여, 여래장의 지혜는 여래의 공(空)한 지혜입니다. 세존이시여, 여래장은 모든 아라한·벽지불·대력(大力)보살이 본래 보지 못하는 바이며 본래 얻지 못하는 바입니다.

세존이시여, 두 가지 여래장의 공한 지혜가 있습니다. 세존이시여, 공한 여래장〔空如來藏〕은 모든 번뇌의 더미에서 혹은 떠나 있으며, 혹은 벗어나 있으며, 혹은 그것과는 다른 것입니다. 세존이시여, 공하지 않은 여래장〔不空如來藏〕은 갠지스 강의 모래알보다도 더 많은 부사의한 불법을 혹은 떠나지 않으며, 혹은 벗어나지도 않으며, 혹은 그것과 다르지도 않습니다.109) 세존이시여, 이러한 두 가지 공한 지혜는 모든 위대한 성문110)들도 능히 여래를 믿음으로 말미암아 이해할 수 있을 뿐입니다.111) 모든 아라한·벽지불의 공한 지혜는 네 가지 전도된 경지를 반연으로 해서 작용할 뿐입니다. 그러므로 모든 아라한·벽지불은 본래 보지 못하는 바이고 본래 얻지 못하는 바입니다.[112] 모든 괴로움의 소멸은 오직 부처님만이 깨달아 얻는 것이며, 모든 번뇌의 더미를 부수며 모든 괴로움을 소멸하는 길을 닦는 것입니다."

제10. 하나의 진리
〔一諦章〕

"세존이시여, 이러한 네 가지 성스러운 진리에서 셋[113]은 무상하고 하나[114]는 영원한 것입니다. 왜냐하면, 세 가지 진리는 함이 있는 현실〔有爲相〕 속에 포함되는 것이기 때문입니다. 함이 있는 현실 속에 포함된다는 것은 곧 무상한 것입니다. 무상한 것은 곧 허망한 존재입니다. 허망한 존재라는 것은 진리도 아니며 영원한 것도 아니며 의지할 만한 것도 아닙니다. 그러므로 괴로움이라는 진리·괴로움의 원인에 대한 진리·괴로움의 소멸에 이르는 길이라는 진리 등은 모두 제일의 진리가 아닌 것이며, 영원한 것도 아니며, 의지할 만한 것도 아닙니다."

제11. 하나의 의지처
〔一依章〕

"오직 하나 괴로움의 소멸이라는 진리만이 함이 있는 현실을 떠나는 것입니다. 함이 있는 현실을 떠나는 것은 곧 영원한 것입니다. 영원한 것은 허망한 존재가 아닙니다. 허망한 존재가 아니라는 것은 진리이며 영원한 것이며 의지할 만한 것입니다. 그러므로 괴로움의 소멸이라는 진리만이 제일의의 진리입니다."

제12. 전도된 견해와 올바른 견해
〔顚倒眞實章〕

두 가지 전도된 견해

"생각으로 헤아릴 수 없는 것이 괴로움의 소멸이라는 진리입니다. 모든 중생의 심식(心識)으로 헤아릴 수 있는 대상을 넘어서 있는 것이며, 또한 모든 아라한·벽지불의 지혜가 미칠 수 있는 것도 아닙니다. 비유하면, 마치 태어나면서부터 앞을 못 보는 사람은 갖가지 형상을 보지 못하는 것과 같고, 이제 태어난 지 7일되는 아기가 태양을 보지 못하는 것과 같습니다. 괴로움의 소멸이라는 진리 역시 이와 같아서 모든 범부의 심식으로 헤아릴 수 있는 대상이 아니며, 또한 이승(二乘)[115]의 지혜가 미칠 수 있는 경계도 아닙니다. 범부의 심식이라는 것은 극단적인 견해〔二見〕로 뒤바뀐 것이며, 모든 아라한·벽지불의 지혜는 곧 청정합니다.

치우친 견해[邊見]라는 것은, 범부가 몸과 마음의 다섯 가지 구성요소[五受陰][116]에 대하여 아견·망상·집착으로 두 가지 소견을 일으키는 것을 치우친 견해라 이름하는 것이니, 이른바 상견(常見)과 단견(斷見)입니다. 모든 지어진 것은 무상하다고 보는 것은 단견이니 올바른 견해가 아닙니다. 열반은 영원하다고 보는 것은 상견이니 올바른 견해가 아닙니다. 모두 망상으로 인해서 이러한 견해를 짓는 것입니다. 신체와 여러 가지 감각기관에 대하여 분별하고 사유하되 현재의 존재가 부서짐을 보면서도 윤회 생존의 계속함[有相續]을 보지 못하여 단견을 일으키는 것은 망상으로 인해서입니다. 마음의 상속에 대하여 어리석은 사람이 알지 못하고 이해하지 못하며, 찰나 사이의 의식작용에 대하여 상견을 일으키는 것도 망상으로 인해서입니다.

이같은 망상의 견해가 그같은 뜻에 대하여 지나치거나 모자라서 다르다는 분별[異相分別]을 짓거나, 끊어졌다고 하거나 영원하다고 생각하여서 전도된 중생은 몸과 마음의 다섯 가지 구성요소에 대하여 무상한 것을 영원하다고 생각하고, 괴로움인데 즐거움이 있다고 생각하고, 무아를 아(我)라고 생각하고, 부정한 것을 청정하다고 생각합니다. 모든 아라한·벽지불의 청정한 지혜라는 것은 모든 앎의 경계 및 여래의 법신에 대하여는 본래 보지 못한 바입니다. 어떤 중생이 부처님 말씀을 믿기 때문에 영원하다는 생각·즐겁다는 생각·나라는 생각·깨끗하다는 생각을 일으키는 것이니, 전도된 견해가 아니며 올바른 견해라고 이름하는 것입니다."

올바른 견해

"왜냐하면 여래의 법신은 곧 완전한 상주〔常波羅蜜〕·완전한 기쁨〔樂波羅蜜〕·완전한 아〔我波羅蜜〕·완전한 청정〔淨波羅蜜〕이니, 부처님의 법신에 대하여 이러한 견해를 갖는 것을 올바른 견해라고 이름합니다. 올바르게 보는 자는 곧 부처님의 참된 아들이니 부처님의 입으로부터 태어나며, 올바른 가르침을 좇아서 태어나며, 올바른 가르침의 교화를 좇아서 태어나며, 가르침의 재산을 상속하는 사람입니다.

세존이시여, 청정한 지혜라는 것은 모든 아라한·벽지불의 지혜바라밀입니다. 그런데 이렇게 청정한 지혜[117]는 비록 청정한 지혜라고는 하지만 저 괴로움의 소멸이라는 진리에 있어서도 작용하지 못하거늘, 하물며 네 가지 의지의 지혜〔四依智〕[118]에 작용하겠습니까. 왜냐하면, 세 가지 길〔三乘〕에 속하는 초심자도 가르침과 그 뜻에 어리석지 않으며,[119] 마땅히 깨닫고 마땅히 얻어

야 하는 것입니다. 그를 위하여 세존께서는 네 가지 의
지할 바를 설하시는 것입니다. 세존이시여, 이 네 가지
의지할 바는 곧 세간의 법입니다. 세존이시여, 하나의
의지할 바[一依]라는 것은 모든 존재의 의지할 바이며,
세간을 벗어나는 제일의(第一義)의 의지할 바이니, 이른
바 괴로움의 소멸이라는 진리입니다."

제13. 자성의 청정
〔自性清淨章〕

생사의 뿌리, 여래장

"세존이시여, 생사(生死)라고 하는 것은 여래장에 의지하는 것입니다. 여래장이기 때문에 언제 시작되었는지 알지 못하는 것〔本際〕입니다. 세존이시여, 여래장이 있기 때문에 생사를 설하는 것은 잘 설하는 것이라 이름합니다. 세존이시여, 생사라고 하는 것은 모든 감각기관이 사라지고 이어서 일어나지 않았던 감각기관이 일어나는 것을 생사라고 이름합니다. 세존이시여, 죽음과 태어남의 이 두 법은 여래장입니다. 세간의 언어로 설하기에 죽음이 있고 태어남이 있는 것입니다. 죽음은 감각기관이 부서지는 것이며, 태어남은 새로 감각기관이 일어나는 것입니다.

여래장은 태어남이 있으며 죽음이 있는 것은 아닙니

다. 여래장은 함이 있는 현실을 떠나 있습니다. 여래장은 상주하여 변하지 않습니다. 그러므로 여래장은 의지하는 바가 되며, 지니는 바가 되며, 건립하는 바가 됩니다. 세존이시여, 생각으로 헤아릴 수 없는 불법에 떠남도 없으며 끊어짐도 없고, 벗어남도 없고 다름도 없습니다. 세존이시여, 끊어지고·벗어나며·달라지고·외화(外化)되는 함이 있는 법이 의지하고 건립하는 것은 여래장입니다.[120]

세존이시여, 만약 여래장이 없다면 괴로움을 싫어하고 즐거이 열반을 구할 수 없을 것입니다. 왜냐하면 이러한 여섯 가지 의식(六識)과 의식작용 그 자체로서의 마음(心法)[121] ─이 일곱 가지─ 은 찰나적인 존재여서 머무르지 않으며, 갖가지 괴로움을 심지 못하며, 괴로움을 싫어하고, 즐거이 열반을 구할 수 없을 것이기 때문입니다. 세존이시여, 여래장은 아(我)도 아니며, 중생도 아니며, 생명도 아니며, 다른 사람도 아닙니다.[122] 여래장은 몸이 있다고 보는 견해에 떨어진 중생·전도된 중생·공으로 말미암아 혼돈에 빠진 중생들[123]이 이해할 수 있는 것이 아닙니다."

여래장과 번뇌

"세존이시여, 여래장은 곧 법계장(法界藏)·법신장(法身藏)·출세간상상장(出世間上上藏)·자성청정장(自性淸淨藏)[124]입니다. 이 성품은 청정한 여래장인데 객진번뇌(客塵煩惱)와 부수적 번뇌의 오염되는 바[125]로서, 생각으로 헤아릴 수 없는 여래의 경계입니다. 왜냐하면 찰나의 착한 마음은 번뇌에 물들지 않고 찰나의 착하지 않은 마음 역시 번뇌에 물들지 않기 때문입니다. 번뇌도 마음에 접촉하지 않고 마음도 번뇌에 접촉하지 않으니, 사물[法]에 접촉하지 않는데 어떻게 마음을 물들일 수 있겠습니까?

세존이시여, 그러나 번뇌가 있으며 번뇌에 물드는 마음도 있습니다. 본래부터 청정한 마음[自性淸淨心][126]이면서 물드는 것이 있음은 가히 잘 알기 어렵습니다. 오직 부처님 세존만이 진실한 눈·진실한 지혜로써 법의 근본이 되고, 법을 통달함이 되고, 정법의 의지처가 되어서 올바르게 아는 것입니다."[127]

승만부인이 이와 같은 이해하기 어려운 가르침을 설하면서 부처님께 물었을 때, 부처님은 곧 수희(隨喜)하셨다.

"그렇다, 그렇다! 자성이 청정한 마음이면서 물들이

있다는 것은 가히 완전히 알기에는 어려운 것이다. 이두 가지[128]는 알기 어렵다. 자성이 청정한 마음이라는 것을 완전히 알기 어렵고, 그렇게 청정한 마음이 번뇌에 물든다고 하는 것도 완전히 알기 어렵다. 이러한 두 가지는 그대와 위대한 가르침을 성취한 보살마하살[129]이 이에 능히 듣고 받아들일 수 있는 것이지, 다른 성문들은 오직 부처님 말씀을 믿기만 할 뿐이다.”[130]

제14. 참된 아들
〔眞子章〕

　"만약 나의 제자로서, 믿음에 따라서 증상(增上)하는 자는 밝은 믿음에 의지한 뒤에 진리의 지혜에 수순(隨順)하여 구경을 얻는다. 진리의 지혜에 수순한다는 것은 시설(施設)된 감각기관과 뜻의 활동영역을 관찰하며, 업의 과보를 관찰하며, 아라한의 번뇌〔隨眠〕를 관찰하며, 마음의 자재로운 즐거움과 선정으로 얻는 즐거움을 관찰하며, 아라한·벽지불·대력보살의 성스럽고 자재로운 신통을 관찰하는 것이다. 이러한 다섯 가지 선교방편의 관찰을 성취하고, 내가 입멸(入滅)한 뒤 미래세 중에서라도 나의 제자가 믿음에 따라서 증상하는 데 밝은 믿음과 진리의 지혜를 의지한다면, 자성의 청정한 마음이 번뇌의 오염을 입을지라도 구경을 얻을 것이다. 구경이라는 것은, 대승의 길에 들어가는 원인이다. 여래를 믿는 자는 이러한 큰 이익이 있으므로 깊은 뜻을 비방하지 않을 것이다."

이때 승만부인이 부처님께 사뢰어 말하였다.

"다시 그 밖에도 큰 이익이 있사오니, 저는 마땅히 부처님의 위신력을 이어서 이 뜻을 설하겠습니다."

부처님께서 말씀하셨다.

"다시 설하도록 하라."

승만부인이 부처님께 사뢰었다.

"세 부류의 선남자·선여인은 매우 깊고깊은 뜻을 스스로 훼손하거나 상하게 하지 않고 큰 공덕을 낳아서 대승의 길에 들어갑니다. 어떤 것이 세 부류인가 하면, 이른바 어떤 선남자·선여인은 스스로 깊고깊은 진리의 지혜를 성취합니다. 어떤 선남자·선여인은 진리의 지혜를 수순함을 성취합니다. 어떤 선남자·선여인은 모든 깊고깊은 법을 스스로 완전히 알지 못하고 부처님을 우러르면서 '이는 나의 경계가 아니다. 오직 부처님만이 알 수 있는 바'라고 합니다. 이들을 선남자·선여인이라 이름하는 것은 오직 부처님만을 우러르기 때문입니다. 이러한 선남자·선여인을 제외하고"[131]

제15. 승만부인
〔勝鬘章〕

"나머지 모든 중생들 ─매우 깊은 가르침에 집착하여 망령되게 말하며 올바른 가르침을 위배하고 여러 가지 외도(外道)를 익혀서 부처님의 종자를 썩게 하는 자들─ 은 마땅히 왕의 힘이나 하늘·용·귀신의 힘으로 조복해야 합니다."

그때 승만부인과 모든 권속들이 부처님의 발에 정수리를 대면서 예배하자, 부처님께서 말씀하셨다.

"착하다, 착하다, 승만이여! 매우 깊은 가르침을 방편으로 수호하며 올바르지 못한 가르침을 항복하고 그 마땅한 바를 잘 얻으니, 그대는 이미 백천억의 부처님을 모셨으므로 이러한 뜻을 능히 설할 수 있는 것이다."

그때 세존께서는 뛰어난 광명을 놓으셔서 널리 대중을 비추시고, 몸이 허공으로 7다라수(多羅樹)만큼 올라가셔서 발로 허공을 밟고 사위국으로 돌아가셨다. 그때 승만부인과 모든 권속들이 합장하여 부처님을 향하고 바라보는데 싫어하거나 만족해 함이 없었으며 눈을 잠시도 쉬지 않았으며, 눈에 보이지 않게 되었을 때에 기뻐하여 뛰면서 저마다 여래의 공덕이 갖추어진 것을 찬탄하였다. 부처님을 염하면서 다시 성(城)으로 돌아와서는 우칭왕(友稱王)을 향하여 대승을 찬탄하고 성(城) 중의 일곱 살 이상 여인들을 모두 대승으로 교화하였다. 우칭왕 역시 일곱 살 이상의 모든 남자들을 대승으로 교화하여서, 온 나라의 모든 국민들이 모두 대승으로 향하게 되었다.

그때 세존께서는 기타태자의 숲으로 들어가셔서 장로 아난에게 일러 주었으며,[132] 또한 천제석(天帝釋)을 염하셨다. 그때에 제석과 모든 권속들이 홀연히 와서 부처님 앞에 머무셨다.

그때 세존께서는 천제석과 장로 아난을 향하여 널리 이 경전을 설하시고 나서 제석에게 말씀하셨다.

"그대는 마땅히 이 경을 받아 지니며 읽고 외워라. 교시카[133]여, 선남자·선여인이 갠지스 강의 모래알보다 더 많은 겁 동안 깨달음의 행을 닦으며 여섯 가지 바라밀을 행하더라도, 만약 다시 선남자·선여인이 이 경전을 받아 지니거나 읽고 외우며 내지 잘 보호한다면 복이 저 공덕보다도 더 많을 것이다. 하물며 널리 다른 사람을 위해서 설하는 것이랴! 그러므로 교시카여, 마땅히 이 경을 읽고 외우며 삼십삼천을 위해서 분별하고 널리 설하라."

다시 아난에게 말씀하셨다.

"그대 역시 받아 지니고 읽고 외워서 사부대중을 위하여 널리 설하라."

그때 천제석이 부처님께 사뢰었다.

"세존이시여, 마땅히 이 경을 어떻게 이름하오며, 어떻게 받들어 지니리까?"

부처님께서 제석에게 말씀하셨다.

"이 경은 한량없으며 가이없는 공덕을 성취하리니 모든 성문·연각은 능히 이르지 못할 것이며 관찰하여 알 수 없을 것이다. 교시카여, 마땅히 알아라. 이 경은 매우 깊고 미묘한 큰 공덕의 덩어리이니, 이제 마땅히 그대를 위해서 그 이름을 간략히 설하리라. 잘 듣고, 잘 들어서, 잘 생각해 잊지 않도록 하라."

그때 천제석과 장로 아난이 부처님께 사뢰었다.

"훌륭하십니다, 세존이시여! 오직 가르침을 잘 받아 지니겠습니다."

부처님께서 말씀하셨다.

"이 경은 '여래의 진실하고도 제일의(第一義)인 공덕을 찬탄하는 것'을 설하는 것이니 이와 같이 수지할지어다. '생각으로 헤아릴 수 없는 큰 서원'을 설하는 것이니 이와 같이 수지할지어다. '모든 원을 거두어들이는 대원(大願)'을 설하는 것이니 이와 같이 수지할지어다. '생각으로 헤아릴 수 없는 올바른 가르침을 거두어들이는 것'을 설하는 것이니 이와 같이 수지할지어다. '하나의 길에 들어가는 것'을 설하는 것이니 이와 같이 수지할지어다. '다함없는 성스러운 진리'를 설하는 것이니 이와 같이 수지할지어다. '여래장'을 설하는 것이니 이와 같이 수지할지어다. '법신'을 설하는 것이니 이와 같이 수지할지어다. '공의 두 가지 진실한 모습'을 설하는 것이니 이와 같이 수지할지어다. '하나의 진리'를 설하는 것이니 이와 같이 수지할지어다. '상주하며 안온한 하나의 의지처'를 설하는 것이니 이와 같이 수지할지어다. '전도된 견해와 올바른 견해'를 설하는 것이니 이와 같이 수지할지어다. '자성의 청정한 마음의 두 가지 측면'을 설하는 것이니 이와 같이 수지할지어다. '여래의 진실한 아들'을 설하는 것이니 이와 같이 수지할지어다. '승만부인의 사자후'를 설하는 것이니 이와 같이 수지할지어다.

다시 교시카여, 이 경에서 설하는 바는 모든 의심을 끊고 궁극적인 뜻에 안주하며 하나의 길에 들어가는 것이다. 교시카여, 이렇게 승만부인이 사자후한 경을 그대에게 부촉하나니, 이 법에 머무르며 받아 지니고 읽고 외우며 널리 분별하여 설하라."

제석이 부처님께 사뢰었다.

"훌륭하십니다, 세존이시여! 높으신 가르침을 받들겠습니다."

그때 천제석·장로 아난 및 여러 모임의 천(天)·인(人)·아수라·건달바 등이 모두 부처님께서 설하신 바를 듣고, 환희하며 힘써 행하였다.

번역 술어 용례

역자가 시도해 본 우리말 술어, 그에 상응하는 한문 술어, 그리고 산스크리트어 단편(斷片)에 남아 있는 원어의 순으로 정리한다.

진리의 종자 = 法種, 이하 〈여래진실공덕장〉.
예언 = 受記.
나쁜 갈래 = 惡趣.
다섯 가지 욕망 = 五欲.
큰 서원 = 大受, 이하 〈십대수장〉.
올바르지 못한 생활방편 = 惡律儀.
항복 = 折伏.
용서 = 攝受.
올바른 가르침 = 正法.
진리의 주인 = 法主.
올바른 가르침을 받아들이는 일 = 攝受正法
            = saddharmaparigraha, 이하 〈섭수정법장〉.
청하지 않은 벗 = 不請之友.
진리의 어머니 = 法母.

여섯 가지 감각기관 = 六根.

윤회의 맨 마지막 = 後際.

하나의 길 = 一乘, 이하 〈일승장〉.

여섯 가지 요점 = 六處.

올바른 가르침의 유지 = 正法住.

올바른 가르침의 소멸 = 正法滅.

계본 = 波羅提木叉 = pratimokṣa.

교단의 규범 = 毘尼 = vināya.

윤회 재생으로 이어지는 성질 = 生法.

청정한 행 = 梵行 = brahmacariya.

완전한 열반 = 般涅槃 = parinirvāṇa.

궁극적인 뜻을 다 드러내지 못한 가르침 = 不了義說.

육체적 죽음 = 分段死.

부사의한 변화로서의 죽음 = 不思議變易死.

미래의 윤회하는 삶 = 後有.

잠재적 번뇌 = 住持煩惱.

현재적 번뇌 = 起煩惱.

한 곳만을 보는 편견 속에 잠재되어 있는 번뇌

= 見一處住持煩惱.

욕망의 집착 속에 잠재되어 있는 번뇌 = 欲愛住持煩惱.

육체의 집착 속에 잠재되어 있는 번뇌 = 色愛住持煩惱.

윤회 생존의 집착 속에 잠재되어 있는 번뇌

= 有愛住持煩惱.

부수적 번뇌 = 上煩惱.

무명의 잠재적 번뇌 = 無明住持煩惱= avidyāvāsabhūmi.

세 가지 존재 = 三有 = trayo bhava.

허물이 남아 있는 해탈 = 有餘過解脫.

업의 잔재가 남아 있는 청정 = 有餘淸淨.

하나의 맛 = 一味 = ekarasa.

같은 맛 = 等味 = samarasa.

해탈의 맛 = 解脫味 = vimuktirasa.

총체적 설명 = 一向記.

가장 뛰어난 안락처 = 蘇息處.

불완전한 = 有餘.

부처님의 길 = 佛乘.

궁극적인 하나의 길 = 究竟一乘.

위없이 올바른 깨달음 = 阿耨多羅三藐三菩提

= anuttara samyaksambodhi.

세 가지 길 = 三乘.

네 가지 지혜 = 四智, 이하 〈무변성제장〉.

네 가지 대상 = 四緣.

여래의 씨앗 = 如來藏 = tathāgatagarbha.

번뇌의 더미 = 煩惱藏 = kleśakoṣa.

함이 있는 생사 = saṁskṛta saṁsāra.

함이 없는 생사 = asaṁskṛta saṁsāra.

공한 여래장 = 空如來藏, 이하 〈공의은복진실장〉.

공하지 않은 여래장 = 不空如來藏

= aśūnya tathāgatagarbha.

하나의 진리 = 一諦, 이하 〈일제장〉.

함이 있는 현실 = 有爲相 =saṁskṛtalakṣaṇaviṣaya.

허망한 존재 = 虛妄法.

하나의 의지처 = 一依, 이하 〈일의장〉.

치우친 견해 = 邊見, 이하 〈전도진실장〉.

몸과 마음의 다섯 가지 구성요소 = 五受陰

= pañcasūpādānaskandha.

윤회 생존의 계속함 = 有相續.

다르다는 분별 = 異相分別.

완전한 상주 = 常波羅蜜 = nityapāramitā.

완전한 기쁨 = 樂波羅蜜 = sukhapāramitā.

완전한 아 = 我波羅蜜 = ātmapāramitā.

완전한 청정 = 淨波羅蜜 = śubhapāramitā.

언제 시작되었는지 알지 못하는 = 本際 = pūrvakoṭi,

이하 〈자성청정장〉.

번뇌 = 隨眠, 이하 〈진자장〉.

승만경
역주와 해설

승만경 역주

1) 사위국(舍衛國, Srāvastī) : 부처님 당시 큰 나라의 하나였
   던 코살라(Kosala)국의 수도. 거기에 기원정사가 있다.

2) 기수급고독원(祇樹給孤獨園) : 기원정사. 급고독(Anāthapiṇ-
   ḍika) 장자가 건립하여 부처님께 희사했다. 부처님께서는
   주로 기원정사에 계셨다.

3) 경전의 편집 양식인 육성취(六成就) 중 중성취(衆成就)가
   빠져 있다. 대체로 경전에서는 설법을 시작하기 전에 참
   석한 대중의 이름을 열거하고 있는데 여기서는 당시 함
   께한 대중들이 누구였는지에 대해서는 밝히지 않고 있다.

4) 원문 '使人奉書'에서 使人을 주어로 보았다. 그렇지 않으
   면, 使는 사역동사가 되고 그 주어는 파사익왕 및 승만이
   된다. 그렇게 해도 해석은 되지만, 역자는 그 앞에서 문장
   을 끊어 읽는다.

5) 아유사(阿踰闍) : Ayodhya. Sāketa라고도 불리는데, 고대에
   는 코살라국의 수도였다고 한다.

6) 원문은 '頂受'이다. 발우공양할 때 밥그릇을 이마 위까지
   높이 들어 올리는 것을 생각하면 된다. 감사의 뜻이 담겨
   있다.

7) 편지의 내용이 사실이라면, 마땅히 공양하리라는 것. 티베

트역과 《대보적경》 승만부인회(會)의 번역은 모두 '마땅히 그대에게 의복을 하사하리'라고 되어 있다.

8) 아끼고 사랑하며, 그에게 소속된 사람을 권속이라 한다. 따라서 권속은 가족뿐만 아니라 가족의 범위를 초월하는 개념이다. 스승에게는 제자, 임금에게는 신하, 사용자에게는 노동자들이 모두 권속이다.

9) 원문은 '頭面接足.' 부처님을 최대로 공경한다는 의미에서 머리를 부처님의 발에 대고 절하는 모습인데, 요즘도 종교 지도자들에게서 간혹 볼 수 있다.

10) 종래 국내의 번역본들은 모두 이 두 문장을 오역하고 있다. 한역(漢譯) 자체 ―구나발타라 역과 《대보적경》 승만부인회 모두― 가 승만부인의 게송인 것처럼 운문(韻文)으로 번역되어 있어서 오역의 여지를 남겨 주고 있긴 하다. 그러나 이 부분은 해설자(나레이터)의 해설이다. 승만부인 스스로의 말〔게송〕이라면 원문에서, "승만부인 및 그녀의 권속들이……"라 하지 않았을 것이기 때문이다.

11) 네 가지 악 : 마음의 허물은 탐욕·분노·어리석음의 삼독(三毒)이다. 그리고 항복받아야 할 대상인 신사종(身四種)은 몸으로 짓는 네 가지 악업, 즉 살생·도둑질·삿된 음행·거짓말이다. 거짓말에는 다시 거짓말 외에 아첨·이간질·욕설까지 포함하므로, 여기서는 모두 열 가지 악업〔十惡業〕을 말하는 것이다.

12) 원문 '이염(爾焰)'은 산스크리트어 Jñeya를 음역한 것이다. 뜻으로 옮기면 대상·경계·소지(所知) 등이 된다.

13) 기존의 번역본들은 모두 다음 게송이 부처님의 게송이라

는 것을 분명히 하지 않음으로써, 승만부인의 게송으로
오해하기 쉽게 되어 있다.

14) 예언[受記]의 산스크리트어는 vyākaraṇa인데, 授記 또는
受記로 번역하였다. 원래 부처님 설법의 열두 가지 형식
[十二部經] 중의 하나였지만 대승불교, 특히 《법화경》에
이르러 그 의미가 더욱 중시되었다. 불교는 중생을 부처
님이 될 수 있는 가능성[佛性]을 갖고 있는 존재라고 본
다. 즉 모든 중생은 장차 부처님이 될 것이다. 이러한 성
불 가능성에 대한 믿음을 일으켜 주고, 그럼으로써 보살
로서의 자각을 갖고 더욱 정진하라는 의미로 수기를 주
신 것으로 이해할 수 있을 것이다.

15) 보광(普光) : Samantaprabha. 高崎直道 번역본(p.67)은 '普
賢'(Samantabhadra)으로 옮기고 있다.

16) 십선도(十善道)의 길과 반대되는 의미의 십악도를 의미한
다. 그러므로 '악업'이라 하였다.

17) 타화자재천(他化自在天) : 산스크리트어는 Paranirmitavaśa
vartin이다. 욕계의 여섯 가지 하늘 중 가장 높은 하늘이
다. 다른 사람이 즐거운 것을 보고 스스로 자재하다 하여
지어진 이름이다.

18) 기존 번역본들은 '원하였다' 다음에 문장을 끊었다. 그러
나 '원하는 행위'와 부처님의 수기는 원인과 결과의 관
계 속에 놓이게 되므로, 문장을 끊지 않고 옮겼다.

19) 큰 서원[大受] : 大願 등의 술어가 있음에도 불구하고, 왜
열 가지 큰 서원이란 뜻을 나타내는 술어를 大受라고 번
역했는지 알 수 없다. 다만 큰 서원을 세운다고 할 때 동

사가 '受'라고 하는 점에서, 서원 역시 스스로 세운다기
보다 부처님에게서 받는 것이라는 인식이 깔려 있는 것
이 아닌가 추측할 뿐이다.《대보적경》승만부인회에서는
'十弘誓'라고 옮겼다(T.310.12, p.673b).

20) 안팎의 모든 것들 : 원문은 '於內外法'이다. 高崎直道 번
역본(p.68)은 "저는 참으로 조금만큼도 아끼는 마음을 내
지 않겠습니다"라고 되어 있을 뿐, 그 아낌의 대상이 물
질인지 가르침인지에 대해서는 알 수 없다. Alex Wayman
번역본(p.64)은 "시여된 음식이 아무리 빈약하다 하더라
도 조금도 아끼는 마음을 허락하지 않겠다"고 되어 있다.

21) 사섭법은 중생을 거두어들이는 네 가지 방편 —보시(布
施)·애어(愛語)·이행(利行)·동사(同事)— 들이다. 기존
번역본들에서는 '不自爲己行四攝法, 爲一切衆生故'에서
사섭법 다음에 종지부를 찍거나, 아니면 '爲一切衆生故'
를 해석하지 않고 있다. 그러나 '爲一切衆生故' 다음에
종지부를 찍어야 한다. 결론이 앞에 나오고, 그 이유는 뒤
에 서술되는 것이 불교 논리학 및 산스크리트 문장의 기
본원칙이다(平川彰, 이호근 옮김,《인도불교의 역사》(서울 :
민족사, 1991), p.156 참조).

22) 원문은 '以義饒益'이다. 義의 산스크리트어는 artha로서,
목적·재물(돈)·의미 등의 뜻을 갖는다. 따라서 이 문맥
에서는 '재물'로 옮기는 것이 바람직하리라 생각된다. Alex
Wayman 번역본(p.65) 역시 'goods'로 옮기고 있다.

23) 동물을 잡아 길러서 파는 일 등으로 생활하고, 그럼으로
써 계를 깨뜨리게 됨을 의미한다. 이는 정명(正命)이 아

니라 사명(邪命)이라는 입장에서 세우는 서원이다.

24) 《대보적경》 승만부인회는 調伏으로 옮기고 있다(T.310.12, p.673b).

25) 《승만경》 전체적으로 '攝受'라는 말은 다양한 뜻으로 쓰인다. ① '攝受衆生'의 경우는 '중생을 거두어들이다'로, ②절복과 상대되는 의미로 쓰이는 경우는 '용서'로, ③ '攝受正法'의 경우는 '올바른 가르침을 받아 지님'으로 옮긴다. 여기서는 ②의 용법으로 쓰였다.

26) 高崎直道 번역본(p.70)에서는 '세존께서 법륜을 굴리신 목적에 부합하는 길입니다'라고 하였다.

27) 기존의 번역본들은, 이 구절을 승만부인의 생각으로 옮기고 있다. 그러나 선근이 약하고 엷은 중생들이 품는 회의로 이해해야 옳다. 뒤에 '모든 대중들의 의혹이 제거되었다'와 상응하는 문장이기 때문이다.

28) 오랫동안 : 원문은 長夜인데, Alex Wayman의 번역본(p.66)에 따라서 '오랫동안'으로 옮겼다.

29) 조복(調伏)하는 큰 원 : 원문은 '調伏大願'이다. 《승만경》에서의 원(願)은 열 가지 큰 원(十大受)→세 가지 큰 원(三大願)→한 가지 큰 원(一大願)으로 회통되고 있다. 여기 〈섭수장〉은 바로 하나의 큰 원, 즉 올바른 가르침을 받아들이는 원을 말하는 것이다. 이는 바로 앞의 세 가지 큰 원을 하나로 한 것이지만, 보다 직접적으로는 두번째 원을 부연하는 것이다. 그러므로 '조복'의 대상은 올바른 가르침을 받아들이는 데 장애가 되는 것 모두를 가리킨다고 생각된다. 《대보적경》 승만부인회는 그냥 '欲說大

願'이라고만 하였다(T.310.12, p.673c).

30) 원문은 '攝受正法'이다. 산스크리트어 원어는 saddharma-parigraha이다. saddharma는 《법화경》에서 보는 것처럼, '妙法'으로 옮겨지기도 한다. parigraha는 명사로서 포착·파악·받아 지님의 의미이다. 법(dharma)은 여러 가지 뜻을 가지고 있는데, 여기서는 진리·가르침으로 모두 이해될 수 있으리라 생각된다. 옮긴이는 법이 받아들임의 목적어가 되는 것으로 보아 가르침으로 옮긴다. 이 점에서 高崎直道 번역본(p.73) 역시 그렇다. 섭수정법에 대한 원효스님의 주는 다음과 같다. "이 지혜는 모든 분별을 떠나 있으며 가이없는 진여의 법계를 증득하여 주관과 객관이 평등하여 둘이 아니며 다르지 않으므로 정법을 섭수하는 것이라 이름한다"(김상현, 〈輯逸勝鬘經疏〉, 《불교학보》 30집, p.448).

31) 《대보적경》 승만부인회는 八萬行蘊이라 하였다(T.310.12, p.674a).

32) 앞 문장에서 말한 "대승의 한량없는 세계 …… 출세간의 안락을 낳게 하는 일" 등을 말한다.

33) 오역하기 쉬운 문장 중의 하나다. 원문은 '離善知識無聞非法衆生'인데 '선지식을 여의고 진리가 아닌 것을 들은 중생들'이라고 옮기면, '無'자를 해석하지 않은 것이 된다. 한문 원문에 현토(懸吐)만 하는 것으로는 이러한 문제가 해결되기 어렵다고 생각된다. 그런데 중국에서 행하는 표점 방식을 적용하면 오역을 막을 수 있다. 위의 구절은 병렬의 의미를 나타내는 가운뎃점을 찍어서 읽지

않았기 때문이다. 정확한 표점은 다음과 같다. 離善知識·
無聞·非法衆生, …….

34) 인천(人天)은 착한 일을 하면 천상세계에 태어날 수 있다
는 가르침을 말한다. 불교에서는 가장 낮은 가르침으로
평가한다. 물론 외도의 사견보다는 긍정적으로 평가된다.
성문과 연각은 모두 소승인데, 이들 모두 마음이 겁약(怯
弱)하고 삼계를 싫어해서 떠나기 좋아하며, 대비심이 엷
다는 점에서 공통적이다. 그러나 성문은 부처님으로부터
사성제의 가르침을 들어서 성문의 경계에 이르고, 연각은
그 스스로 십이인연의 이치를 깨달아서 연각의 경계에
이른다는 점에서 서로 다르다.

35) 원효스님은 이 네 가지 비유를 다음과 같이 배대(配對)하
고 있다. "'대해'는 대승을 구하는 자를 비유하는 것이니
바다는 넓고 깊기 때문이며, 크다는 것은 같다는 것을 이
름하기 때문이다. '모든 산'은 연각을 구하는 자를 비유
하는 것이니, 산은 높이 솟아났기 때문이며, 오만한 행을
유추시키기 때문이다. '초목'은 성문을 구하는 자를 비유
하는 것이니, 종류가 많기 때문이다. '중생'은 비법(非法)
중생을 비유하는 것이니, 이름이 같기 때문이다"(김상현,
위의 책, p.449).

36) 대승불교의 보살을 청하지 않는 벗(不請之友)이라고 부른
다.

37) '값을 헤아릴 수 없는 보배'는 대승의 가르침을, '값비싼
보배'는 연각의 가르침을, '중간 정도 값의 보배'는 성문
의 가르침을, '값싼 보배'는 비법 중생을 각각 비유하는

것이다.

38) 오역하기 쉬운 문장이다. 사실 《승만경》 최대의 난문이라
할 수 있다. 주어들이 생략되어 있으므로, 그 주어를 살려
서 해석하지 않으면 안 된다. 우선 옮긴이는 원문을 다음
과 같이 표점한다.

"世尊, 攝受正法. 攝受正法者 : 無異正法, 無異攝受正法. 正
法者, 攝受正法."

첫째, '世尊, 攝受正法' 다음에는 서술어가 생략되어 있는
것으로 보았다. 둘째, '攝受正法者'의 '者'를 행위자로 보
지 않고 '……라는 것은(iti)'의 의미로 파악한다. 이와 같
은 역자의 추정을 타당케 하는 것은 《대보적경》 승만부
인회다. 여기 '世尊, 攝受正法. 攝受正法者'를 '世尊, 言攝
受正法者, 謂……'(T.310.12, p.674b)라 하였기 때문이다.

셋째, 편의상 번호를 붙여서 생각해 보자.

①無異正法, ②無異攝受正法. ③正法者, 攝受正法.

이는 의미상 셋으로 분석할 수 있다. ①X는 올바른 가르
침이다. ②Y는 올바른 가르침을 받아들이는 일이다. ③올
바른 가르침이 곧 올바른 가르침을 받아들이는 일이다.
다르지 않다는 것은 같다는 의미이므로 긍정문으로 바꾸
었다. 이제 문제는 생략된 주어 X와 Y를 찾는 일인데, 그
단서가 ③이다. '올바른 가르침 = 올바른 가르침을 받아들
이는 일'이므로, ① ② ③의 세 문장은 똑같은 뜻의 문
장이 되어야 한다. 그러므로 우리는 'X=올바른 가르침
을 받아들이는 일', 'Y=올바른 가르침'이 되어야 함을
알 수 있는 것이다. 이렇게 해서 찾아진 주어를 복원해서

해석하면 뜻이 선명해진다(高崎直道 번역본, p.383. 주 30 참조). 이러한 문장구조는 아래에서 자주 볼 수 있다.

39) 원효스님의 해석은 다음과 같다. "'정법과 다르지 않다'는 것은 대상(객관)이 지혜(주관)와 다르지 않기 때문이며, '정법을 섭수함과 다르지 않다'는 것은 지혜가 대상과 다르지 않기 때문이다. 이는 주관과 객관이 평등하고 평등함을 밝히는 것이다. 그 다음에 '정법이 곧 섭수정법이다'라는 것은 두 가지(정법과 섭수정법)가 유사한 것이 아님을 밝히는 것이다. 지혜의 밝은 모습을 정법이라 이름하고, 이치의 집착을 떠나는 것을 섭수라고 이름한다. 작용이 널리 법계에 미쳐서 둘이 없으며 다름도 없다. 그러므로 정법이 곧 섭수정법이다"(김상현, 앞의 책, p.449).

40) 보시(檀) : 보시의 산스크리트어는 dāna인데, 이를 음역하면 檀那·檀이 된다.

41) 네 가지 위의(威儀) : 가고·머물고·앉고·눕는 것(行住坐臥)을 말한다.

42) 지계의 산스크리트어는 śīla인데, 이를 음역하면 尸羅, 尸 등이 된다.

43) 인욕의 산스크리트어는 kṣānti인데, 이를 음역하면 羼提가 된다.

44) 어떤 번역본은 '저 중생에게 게으르고 나태한 마음과 크나큰 욕심을 일으키지 않고'라고 옮기고 있는데, 표점을 잘못해서 그런 해석이 나왔다. 올바른 표점은 다음과 같다. '於彼衆生, 不起懈心, 生大欲心, ……' 이때 욕심은 원(願)과 같은 뜻이다(Alex Wayman 번역본, p.73).

45) 정진의 산스크리트어는 viriya인데, 이를 음역하면 毘梨耶가 된다.

46) 옮긴이는 勝鬘(주어)＋白(동사)＋佛(간접목적어)＋攝受正法(직접목적어)의 구조로 이해한다.

47) 원문 '攝受正法者'의 '者'는 행위의 주체가 아니라 '……라는 것은(iti)'의 의미로 쓰인 것이다(高崎直道 번역본, p.383. 주 33 참조).

48) 앞에서는 올바른 가르침과 올바른 가르침을 받아들이는 일이 같다는 것을 말씀하셨다. 그러나 여기서는 올바른 가르침을 받아들이는 일과 올바른 가르침을 받아들이는 사람이 같다는 것을 말씀하시고 있다.

49) 후제(後際)는 미래의 끝을 가리킨다. 중생들의 미래는 윤회의 미래이고, 그 끝이므로 윤회의 끝이라 할 수 있다. 몸이 있고, 몸이 나라고 집착함으로써 죽음이 있다. 그 집착을 버림으로써 생사를 벗어나 해탈할 수 있다. 《대보적경》 승만부인회는 '證生死後際'라고 하였다(T.310.12, p.674c). 윤회의 맨 마지막을 증득할 것이라는 의미이다. 구나발타라역도 같은 뜻이다.

50) 기존 번역본들은 '가히 생각하거나 논의하기 어려운 여래의 법신을 얻는다'고 옮기고 있다. '不可思議功德'의 '功德'을 옮기지 않은 것이다.

51) 이승(二乘) : 성문승과 연각승을 말한다. 곧 소승을 가리키는 말이다.

52) 산스크리트어 원문에는 몸(kaya)·목숨(jivita)만 언급되어 있으며, 재물에 해당되는 단어는 없다(宇井伯壽, 앞의 책,

p. 463 참조).

53) 아승지아승지겁은 그냥 '아승지겁'도 아니며 '아승지겁을 두고 또 아승지겁을 두고'인 것도 아니다. 아승지에 아승지를 곱하는 것이니, 이를 아승지전(轉)이라 한다(《화엄경》아승지품. T. 279.10, p. 238a). 아승지겁은 인간으로서는 상상할 수 없는 무수한 시간, 세월.

54) 대승[摩訶衍] : 산스크리트어 mahāyāna의 음역. 뜻으로 옮기면 대승이 된다.

55) 원효스님의 해석은 다음과 같다. "'아뇩대지'는 대승 안에서 올바른 가르침을 받아들이는 일을 비유하는 것이고, '여덟 개의 큰 강이 생긴다'는 것은 이승(二乘)의 여덟 가지 선법을 낸다는 것을 비유한 것이다. '세간·출세간의 선법'은 여덟 가지 선법이니 여덟 가지 큰 강의 비유를 종합하는 것이다"(김상현, 앞의 책, p. 450). 여기서 이승의 여덟 가지 선법은 수다원·사다함·아나함·아라한의 각각에 향(向)과 과(果)가 있으므로, 여덟 가지가 되는 것이다. 향은 지향·시작이고, 과는 증득이다.

56) 원효스님의 해석은 다음과 같다. "'대지'는 대승 가운데 올바른 가르침을 비유하는 것이고, '모든 씨앗'은 올바른 가르침 가운데에 갠지스 강의 모래알만큼 많은 덕성이 있음을 비유하는 것이다. '대지에 의지하여 자란다'는 것은 싹이 자라는 것은 모두 대지에 의지하기 때문이니, 세간의 선근이 자라남과 출세간의 선법이 자라남을 비유하는 것이다"(김상현, 앞의 책, p. 450).

57) 계본[波羅提木叉] : 산스크리트어 pratimokṣa의 음역. 뜻으

로 옮기면 별해탈계(別解脫戒)가 된다.

58) 규범(毘尼) : 산스크리트어 vināya의 음역. 율(律)을 의미한다.

59) 《사분율》에 따르면 비구 250계·비구니 348계이며, 《남전율장》에 따르면 비구 227계·비구니 311계라고 한다. 자세한 것은 사또오 미쯔오 지음, 졸역, 《초기 불교교단과 계율》(서울 : 민족사, 1991) 참조.

60) 진정한 출가와 구족계의 받음은 '부처님에 의지하여서만' 가능한 것이고, '부처님을 의지하는 것'은 오직 대승에서만 가능하다는 것이다.

61) 한문 원문은 "阿羅漢, 依如來, 出家·受具足故"인데 티베트역은 한역과 다소 다르다. 高崎直道는 다음과 같이 옮기고 있다. "아라한을 목표로 해서 출가하여 구족계를 받는 것이 아니고 여래를 목표로 하여 출가하여 구족계를 받기 때문입니다"(高崎直道 번역본, p.87). 원효스님의 해석은 다음과 같다. "무엇 때문에 다른 길에 출가하여 구족계를 받는 일은 없으며, 오직 부처님의 가르침에만 의지하여 출가하고 구족계를 받는다 하는가? 자기 몸이 이미 능히 스스로의 힘으로 출가할 수 없기 때문이다. 그러므로 따로이 출가하여 구족계를 받는다고 말하지 않는 것이다. 마땅히 알아라. 다른 길(別乘)이 아니고 오직 하나의 부처님 길(一佛乘)만이 있으므로 '여래에게 의지하여 출가하여 구족계를 받는다'고 말하는 것이다"(김상현, 앞의 책, p.450).

62) 高崎直道 번역본(p.87)은 '아라한과 독각'이 주어로 되어

있다. 이하 같다.

63) 구나발타라 번역본의 '於一切無行'에서 '無'는 잘못 들어
간 글자다. 행(行)은 산스크리트어 saṃskāra의 옮김으로
서, 모든 유위의 존재를 말한다. 그리고 그러한 행은 무상
한 것이다.

64) 귀의처인 세존은 다시 귀의처를 구하지 않는다는 뜻이다.

65) 산스크리트어 brahmacarya를 범행(梵行)으로 옮기는데, 청
정한 행이라는 뜻이다.

66) 여래만이 완전한 열반을 얻는 것임에도 불구하고, 아라한
과 벽지불도 열반을 얻는다고 다른 경전들에서 말하고
있음은 방편이라는 것이다. 원효스님은 이 경전을 《법화
경》의 화성유품(化城喩品)이라 하였다(김상현, 앞의 책,
p.451).

67) 이 네 가지 지혜가 '四諦의 지혜'와 동일한 것인지, 아니
면 '네 가지 상념(想念)'과 동일한 것인지 분명하지 않다
(高崎直道 번역본, p.386 주 57).

68) 《열반경》에서는 네 가지 의지할 바〔四依〕를 설하고 있는
데, 그 중에 "궁극적인 뜻을 다 드러낸 가르침에 의지하
고 궁극적인 뜻을 다 드러내지 못한 가르침에는 의지하
지 말라"〔依了義經, 不依不了義經〕고 하였다. 여기서는 하
나의 길〔一佛乘〕만이 요의설이라는 입장이다.

69) 의생신(意生身) : 산스크리트어로는 manomayakāya. 색(色)
등의 네 가지 온(蘊)이 아니라 의지의 힘으로 태어난 신
체라는 뜻인데, 아직 열반에 이르지 못한 보살의 몸을 말
한다. 대력보살은 제8지의 보살을 말한다(김상현, 앞의 책,

p. 452).

70) 《기신론》은 다음과 같이 설명하고 있다. 첫째, 업식이 근본무명을 훈습함으로써 생각을 떠나지 못해 형상에 집착하므로 성문·연각·보살이 변역생사의 괴로움을 받게 되는 것이다. 둘째, 분별사식(分別事識)이 증장되어 견애무명(見愛無明)을 훈습, 경계가 여실하지 않음을 모르는 까닭에 분별과 집착과 미혹함을 낳아서 업을 짓게 되고 분단생사를 받게 된다. 이는 범부들의 일이다〔감산 지음, 오진탁 옮김, 《감산의 기신론 풀이》(서울 : 서광사, 1992), p. 157〕. "이 세상에는 아직 무명의 잠재적 번뇌가 있고, 무루의 업이 있기 때문에 거기에는 어떠한 한 가지의 생유(生有)가 있지 않으면 아니된다는 것이다. 이러한 생사윤회를 부사의한 변화로서의 죽음이라 말하는 것이다" (宇井伯壽, 《보성론연구》, p. 453).

71) 일곱 단계의 성자 : 아라한과 이전의 일곱 단계.

72) 이 네 구절은 《잡아함》의 여러 경전(예 : 1, 2, 58 등)에서 관용구로서 쓰이고 있다. 부처님이 설법을 마치기 직전에 행하시는 말씀이다. 그 의미는 모두 해탈과 그 해탈로 얻게 되는 지견(知見)의 경지를 가장 간명하게 읊고 있는 것이다.

73) 잠재적 번뇌〔住持煩惱〕: 주지(住持, vāsabhūmi)는 '머물러 있는 토대'라는 뜻인데, 《능가경》에서는 습기지(習氣地, vāsanābhūmi), 즉 행위 뒤의 영향력이 머물러 있는 토대라고 하였다. 그러므로 주지는 습기의 뜻이다.

74) 산스크리트어로는 avidyā-vāsana-bhūmi이다. avidyā는 무명,

bhūmi는 땅이다. 주지는 vāsana의 번역어이다. vāsana는 vas를 어근으로 갖는다. 이 vas는 머무른다[住]는 뜻이 있는데, 이는 의지한다는 의미로 해석되어 왔다. 따라서 무명주지번뇌는 근본무명, 무시무명을 가리키는 것이다(宇井伯壽, 《보성론연구》, pp. 454~455). 《기신론》에서는 "마음 자체에 상응하지 못해서 갑자기 생각이 일어나는 것이다. 이를 무명이라 이름한다"(감산 지음, 오진탁 옮김, 앞의 책, p. 134)고 하였다.

75) 위의 내용을 토대로 번뇌의 계보를 도표로 그려 본다.

부수적 번뇌

잠재적 번뇌 ┬─── 견일처번뇌
　　　　　　　│　　 욕애번뇌
　　　　　　　│　　 색애번뇌
　　　　　　　└─── 유애번뇌

무명의 잠재적 번뇌 = 제 8식의 근본무명

76) 세 가지 존재[三有] : 욕유·색유·무색유를 말한다. 무명에서 시작되는 고의 계열로 되어 있지만, 취→유→생으로 전개되는 괴로움의 계열도 있다. 물론 이들 모두 십이인연 속에 포섭되어 있다. 이것이 윤회다.

77) 무루업(無漏業) : 루(漏, āsrava)는 번뇌에 더럽혀져 있음을 말한다. 따라서 무루업은 번뇌에 더럽혀져 있지 않은 업을 말한다.

78) 세 가지 지위 : 아라한·벽지불·대력보살 등을 말한다.

79) 원효스님의 해석은 다음과 같다. "앞에서 말한 삼승의 부

사의한 변화로서의 의생신이고, 《능가경》에서 말하는 세 가지 의생신과는 같지 않다. 《능가경》에서 말하는 세 가지 의생신은 삼매 등에 의지하여 뜻대로 자재하므로 의생신이라 이름하는 것이니, 도제에 포섭되는 것이다. 여기서 말하는 세 가지 의생신은 무명의 힘과 이숙식(異熟識)에 의지하므로 의생신이라 이름하는 것이니, 고제에 포섭되는 것이다. 이와 같은 차이가 있으므로 서로를 혼동해서는 아니된다"(김상현, 앞의 책, p.455).

80) 《대보적경》승만부인회는 '네 가지 잠재적 번뇌와 다르다'고만 되어 있으나(T.310.12, p.675c) 의미는 같다.

81) 원효스님의 해석은 다음과 같다. "'마땅히 얻어야 할 바'라는 것은 보리를 말하는 것이니, 곧 한량없는 공덕이다. '마땅히 깨달아야 할 바'라는 것은 열반을 말하는 것이니 다른 세 가지 공덕이다"(김상현, 앞의 책, p.456).

82) 원효스님의 해석은 다음과 같다. "이는 바로 처음 발하는 보리심을 장애하고, 발심의 대상을 미(迷)하게 하고, 발심하는 마음을 뒤덮는다. 그러므로 '마음을 장애하는 번뇌'〔心上煩惱〕라고 한다. 또한 다시 다른 번뇌〔隨眠〕가 있으니 '……을 장애하는'〔上〕이라 하는 것이다"(김상현, 앞의 책, p.456).

83) 《대보적경》승만부인회는 마음을 장애하는 번뇌 등으로 번역하고 있다(T.310.12, p.676a). 의미가 보다 분명해지므로 '上'의 의미를 그렇게 옮긴다. 그리고 이들은 결국 등지(等持, samapatti)를 장애하는 것이다.

84) 총체적 설명〔一向記〕 : 질문에 대한 부처님의 대답은 크게

네 가지 형식을 띤다. 첫째, 분석적인 설명〔分別記〕 둘째,
총체적인 설명〔一向記〕 셋째, 질문에 대한 설명〔所問記〕
넷째, 판단을 중지하여 설명하지 않는 것〔捨置記〕 등이다
(高崎直道 번역본, p. 307, 주 60).

85) 네 가지 마〔四魔〕: 번뇌마(煩惱魔)・오온마(五蘊魔)・사마
(死魔)・천마(天魔) 등이다.

86) 십력(十力): 부처님의 열 가지 힘. ①바른 도리와 그렇지
않은 도리를 아는 처비처지력(處非處智力) ②업과 그 과
보를 아는 업이숙지력(業異熟智力) ③선정과 해탈 등을
잘 아는 선정해탈지력(禪定解脫智力) ④중생의 근기를 잘
아는 근상하지력(根上下智力) ⑤중생들의 의욕과 경향을
아는 종종숭해지력(種種勝解智力) ⑥갖가지 과보를 잘 아
는 종종과지력(種種果智力) ⑦수행과 도에 대해 잘 아는
변취행지력(遍趣行智力) ⑧중생의 숙명을 여실히 아는 숙
주수념지력(宿住隨念智力) ⑨중생의 미래를 잘 아는 사생
지력(死生智力) ⑩모든 번뇌가 다한 것을 잘 아는 누진지
력(漏盡智力).

87) 이상이 첫번째 지혜다.

88) 원효스님의 해석은 다음과 같다. "최후의 몸을 떠나는 것
을 '소(蘇)'라고 이름하며, 마음과 마음의 대상을 모두
멸하는 것을 '식(息)'이라 이름한다. 그러나 '가장 뛰어
난 안식'을 이루는 데는 두 가지가 있다. 첫째, 중도(中
道)이며 또한 가장 뛰어난 안식일 때는 분단의 생사를 떠
나서 적정을 얻기 때문이다. 둘째, 이미 완전한 안식에 이
르렀을 때이니 변화의 생사를 떠나서 피안에 이르렀기

때문이다. 이제 여기서는 이승(二乘)의 중도이면서 또한 적정하니, 그런 까닭에 '가장 뛰어난 안식'이라 말하는 것이다. 이러한 때에 불완전하나마 열반에 머무르게 되는데, 그런 까닭에 '열반에 처한다'고 말하는 것이다. 처한다는 것은 머무르는 것이다"(김상현, 앞의 책, p.457).

89) 원효스님의 해석은 다음과 같다. "이는 보살의 대승의 행과 덕이 여래의 행과 덕 밖으로 벗어나는 것이 아님을 밝히는 것이다. 이런 도리로 말미암아서 하나의 길의 행과 덕에 들어가지 않음이 없는 것이다. 그러므로 세 가지 길이 곧 하나의 길이다"(김상현, 앞의 책, p.458).

90) 이상이 두번째 지혜다.

91) 《대보적경》 승만부인회는 "궁극적인 하나의 길은 곧 상속(相續)을 떠나는 것이다"라고 하였다(T.310.12, p.676b).

92) 《기신론》에서는 "여래장은 미래의 끝이 없으니 모든 부처님이 얻는 열반도 그와 상응하여 미래의 끝이 없다"고 하였다.

93) 하나의 길〔一乘〕: 불교의 참다운 가르침은 오직 하나로, 그 가르침에 의해서 모든 이가 고루 불타가 된다고 설하는 것이다.

94) 세 가지 길〔三乘〕: 중생의 성질이나 능력에 따라 깨달음으로 이끌어가는 가르침인데, 성문(聲聞), 연각(緣覺), 보살(菩薩)의 세 가지에 따른다.

95) 제일의(第一義): 범어 Paramārtha의 번역으로 勝義·眞實이라고도 한다. 最勝眞實의 도리라는 의미이다.

96) 원효스님의 해석은 다음과 같다. "처음으로 성스러운 진

리를 관찰한다는 것은 대승에 들어가기 이전을 통틀어서 말한다"(김상현, 앞의 책, p.459).

97) 이 부분은 구나발타라 역과 《대보적경》 승만부인회의 번역이 정반대다. 구나발타라 역은 "以一智斷諸住地, 以一智四斷知功德作證, 亦善知此四法義"이다. 이를 번역하면 다음과 같다. "하나의 지혜와 네 가지 진리 ─괴로움을 아는 일·괴로움의 원인을 끊는 일·괴로움의 소멸을 증득하는 일·괴로움의 소멸에 이르는 길─ 로서 공덕을 짓고 깨닫습니다. 또한 이러한 네 가지의 법과 뜻을 잘 압니다." 역자가 《대보적경》 승만부인회의 옮김을 따르는 이유는 이 부분 뒤에 오는 내용에 의해서이다. 성문·연각은 점진적으로 이르게 되는 것이고, 세간을 벗어나는 최고의 지혜는 그같은 점진적인 이름〔漸至法〕이 없어야 한다. 그런데 구나발타라 역에 의하면 성문·연각이 돈지법(頓至法)을 얻은 것이 되므로 모순이다.
원효스님의 해석은 다음과 같다. "곧 앞에서 설한 바 하나의 모습이 없는 지혜〔一無相智〕로서 능히 지혜·끊음·깨달음·닦음의 네 가지를 짓게 된다. 그러므로 하나와 넷을 말하는 것이다"(김상현, 앞의 책, p.459).

98) 이상에서 말하는 네 가지 진리·네 가지의 법과 뜻·네 가지 지혜·네 가지 대상 등은 다른 경전에 똑같은 용어가 보이지 않아서 분명하지 않은 점도 보이지만, 내용상으로는 모두 사성제와 관계가 있다(高崎直道, 앞의 책, pp.391~392).

99) 원효스님의 해석은 다음과 같다. "금강은 진여의 지혜를

비유하는 것인데, 굳건하고 진실한 법을 증득함으로써 모든 번뇌를 깨뜨리기 때문이다. 그러므로 '금강과 같다고 하는 것이 제일의의 지혜다'라고 말한 것이다"(김상현, 앞의 책, p.459).

100) 티베트역에 따라서 '두 가지 지혜'로 바꾼다. 구나발타라 번역에서는 '둘이 아닌 성스러운 진리'로 옮겨져 있다. '두 가지 지혜'는 성문들의 네 가지 지혜와 금강과 같은 제일의(第一義)의 지혜를 가리킨다. 이들 두 가지 지혜가 갖추어지지 않으면 무명의 잠재적 번뇌를 포함하여 모든 잠재적 번뇌의 근절은 불가능하다는 의미다(高崎直道, 앞의 책, p.391).

101) 여래의 씨앗(如來藏) : 산스크리트어로는 tathāgatagarbha이다. 중생들의 마음 속에 잠재되어 있는 여래의 태아(胎)를 가리킨다.

102) 원효스님의 해석은 다음과 같다. "여래장은 심오하니 모습을 떠나 있으며 성품도 떠나 있고, 있음도 아니며 없음도 아니므로 여래장이라 이름하는 것이다"(김상현, 앞의 책, p.460).

103) 뒤에서 설할 바와 같이, 여래장이 곧 법신이기 때문이다.

104) 有作은 유위에, 無作은 무위에 각기 상응하는 것이다.

105) 지음이 있는 성스러운 진리와 지음이 없는 성스러운 진리에 각기 네 가지 진리가 있으므로 여덟 가지이다.

106) 괴로움이 소멸되는 것이 괴로움을 받았던 존재 자체의 소멸을 말하는 것은 아니라는 뜻이다.

107) 그 대상은 지혜다. 이 문장과 같은 뜻의 말씀이 《부증불

감경》에 설해져 있다. "내가 설하는 법신이라는 것은 갠지스 강의 모래알 수보다도 많은 여래의 여러 가지 불가사의한 덕성과 불가분의 것이며, 여래의 지혜에서 유래하는 덕성과도 분리될 수 없는 것이다."

108) 여래장이 재전(在纏)법신임을 밝히는 것이다.

109) 여래장을 空과 不空의 두 가지 측면에서 말하는 것은 각기 번뇌와 불법과의 관계에서 말하기 때문이다. 여래장이 둘이라는 것이 아님을 주의해야 한다.

110) 원효스님의 해석은 다음과 같다. "'위대한 성문'이라는 것은 소승을 돌려서 대승에 들기 때문이다"(김상현, 앞의 책, p. 460).

111) 高崎直道, 앞의 책, p. 110 참조.

112) 이 부분 역시 《대보적경》 승만부인회를 따른다. 구나발타라 역은 '네 가지 전도되지 않은 경지'라고 하였다. 이승의 입장에서는 무상(無常)·고(苦)·무아(無我)·부정(不淨)을 상(常)·낙(樂)·아(我)·정(淨)으로 관찰하는 것이 전도된 소견이다. 이승은 상·낙·아·정의 열반의 사덕(四德)을 위반하고 있는 것이니, 이를 전도된 견해라고 이름하는 것이다. 그러므로 '본래 보지 못하는 바이고 본래 얻지 못하는 바'라고 말하는 것이다.

113) 고제·집제·도제.

114) 멸제인데, 다음의 일의장(一依章)에서 설명된다.

115) 이승(二乘) : 성문승[아라한]과 연각승[벽지불].

116) 다섯 가지 구성요소[五受陰] : 모습[色]·받아들임[受]·표상[想]·의지[行]·의식[識]의 다섯 가지 온(蘊)을 말

한다.

117) 청정한 지혜 : 아라한이나 벽지불의 청정한 지혜.

118) 네 가지 의지의 지혜[四依智] :《열반경》의 네 가지 의지
인데 다음과 같다. 가르침에 의지하고 사람에 의지하지
말라[依法不依人]. 지혜에 의지하고 지식에 의지하지 말
라[依智不依識]. 뜻에 의지하고 말에 의지하지 말라[依義
不依語]. 궁극적인 의미를 설한 말씀에 의지하고 궁극적
인 의미를 설하지 않은 말씀에는 의지하지 말라[依了義
經不依不了義經].

119) 원효스님의 해석은 다음과 같다. "견도(見道)에 들어오는
것을 초심자[初業]라고 이름하며, 법계를 같이 보기 때문
에 가르침과 그 뜻에 어리석지 않다고 이름하는 것이다"
(김상현, 앞의 책, p.461).

120) 유위법 역시 여래장에 의지하여 존재한다는 것. 중생 역
시 여래장에 의지하고 있음을 의미한다.

121) 원효스님은 이를 제7식이라고 하였다(김상현, 앞의 책,
p.461).

122)《금강경》에서 아상(我相) · 중생상(衆生相) · 수자상(壽者
相) · 인상(人相)의 4상(四相)을 부정하는 것과 같다. 여
래장이 어떤 실체가 아님을 밝힌 것이다.

123) 원효스님의 해석은 다음과 같다. "'공으로 말미암아 혼돈
에 빠진 중생'이라는 것은, 대승을 배웠으나 성스러운
보살이 아니므로 일체가 공(空)한 줄 보아서는 스스로
뜻을 어지럽게 하기 때문이다"(김상현, 앞의 책, p.461).

124) 법계장＝정법장＝법신장＝출세간법신장, 출세간상상장＝

출세간장＝출세장, 자성청정장＝성청정장＝자성청정여래장의 다른 번역을 갖는다. 모두 그 의미는 같다. 이들은 여래장을 주어로 갖는 술어로서, 여래장의 다른 이름이다.

125) 《부증불감경》은 여래장의 특징을 셋으로 정리하고 있다. 첫째, 청정한 덕성과 함께 있으며 결합하는 성질이 있다. 둘째, 번뇌에 덮여 있다. 셋째, 영겁토록 견고불변한 본성이 있다고 하였는데, 이 중에서 첫째와 둘째 특징을 결합한 것이다. 그러니까 우리 인간은 청정한 측면과 오염된 측면을 동시에 갖는 존재라고 할 수 있다.

126) 이때 자성은 '본래', '태어나면서'라는 의미다.

127) 승만부인의 계속된 설법이 여기까지 이어졌다.

128) 두 가지 : 자성청정심(自性淸淨心)과 객진번뇌염(客塵煩惱染).

129) 원효스님의 해석은 다음과 같다. "'위대한 가르침을 성취한 보살마하살'이라는 것은 이미 대승의 지위에 든 여러 보살을 말하는 것이다. 먼저 승만을 들고서, 그 다음에 보살을 언급하는 것은 이 사람[승만]이 여러 보살보다 더 뛰어남을 알아야 한다"(김상현, 앞의 책, p.462).

130) 《부증불감경》에서는 "모든 성문의 무리나 독각들이 갖고 있는 지혜로는 여기서 설하고 있는 의미를 다만 믿어야 할 것이며, 도저히 있는 그대로 알고 보고 관찰하는 것 등은 가능하지 않다"고 하였다.

131) 이 마지막 구절은 〈승만장〉의 처음에 연결된다. 구나발타라역에서는 《승만경》 전체를 15장으로 나누었다. 그 결과

생긴 무리한 분절의 한 실례다.《대보적경》승만부인회는
분장하지 않았는데, 차라리 이 구절은 〈승만장〉에 포함
시키는 것이 옳을 것이다.

132) 《승만경》의 본문 내용.

133) 교시카 : Kausika. 인드라(Indra)의 별명. 인드라는 원래
바라문교의 신이었으나 불교의 수호신이 되었다. 이를
제석천 혹은 천제석으로 부른다.

승만경 해설
─《승만경》의 사상사적 위상─

1. 머리말

《승만경(勝鬘經)》의 설법형식과 그 내용에 대한 의미를 살펴보면 첫째, 형식적 측면에서 재가의 여성불자인 승만부인이 설법하고 수기를 받는다는 특징을 내포하고 있는 의미를 찾아볼 수 있다. 이는 역사적 고찰을 통해서 드러낼 수 있을 것이다. 둘째, 내용적 측면에서 《승만경》에서 설해지고 있는 주된 교설은 무엇이며, 어떤 사상사적 위상을 점하고 있는지를 살펴보는 것이다.

2. 승만부인 설법의 두 가지 의미

1) 재가불자가 설한 경전

출가는 인도사회의 전통이었다. 바라문계급은 그들이 평생 걸어야 할 길을 이미 타고난다. 어려서는 스승을 찾아가

공부를 하고, 나이 들어서는 결혼을 해서 아이를 낳고 기르는 가정생활을 영위한다. 이러한 과정은 오늘 우리들도 경험하는 일이다. 우리와 다른 점은, 그들은 출가의 삶을 살아간다는 것이다. 나이가 들고 가업을 자식들에게 물려준 뒤에 출가하여 숲속으로 간다. 숲속에서 명상을 행하며, 여기저기 유행(遊行)한다. 그렇게 구도자로서 삶을 마치는 것이다.

불교 역시 인도에서 형성된 종교이기 때문에 이러한 출가의 전통을 이을 수밖에 없었다. 아니 불교에 이르러 출가의 전통은 더욱 강조되었다. 싯다르타의 출가는 위에서 말한 바라문교의 출가를 개혁한 것이었다. 가정생활을 마치고 노년이 되어 비로소 행하던 출가를 거부하고, 가정생활의 포기를 통한 출가를 이룩한 것이었다. 싯다르타 태자 역시 가정생활을 완수한 뒤 출가하라는 권유를 받았지만 이를 거부한다. 그는 우리 인간의 실존이 너무나 무상하다는 사실을 뼈저리게 느끼고 있었던 것이다. 그러기에는 우리는 너무나 짧은, 무상한 삶을 살고 있는 것이다.

이와 같이 불교는 출가의 종교로 출발하였다. 불교 교단은 출가 교단이었다. 수많은 우바새·우바이의 신앙과 외호(外護)를 우리는 알고 있지만, 여전히 불교는 출가 중심이었던 것으로 평가된다. 그 한 증거로서 경전을 살펴보자. 부처님께서 설하신 수많은 법문 중 거의 대부분은 출가한 비구·비구니를 청법(聽法)의 대상으로 삼았던 것이다. 재가불자를 청법의 대상으로 삼았던 경우는 《선생경》·《옥야

경》등 윤리적인 차원의 경전들이 다소 있을 뿐이다.

초기불교의 이러한 측면은 부파불교에 이르러 더욱 심화되었다. 부파불교시대는 자기 부파의 이론적 정당성을 저마다 소리 높여 주장하던 때였다. 그러한 시대에는 전문적 학승들의 지위가 격상되고, 이론탐구에 경도된 당연한 결과로 사회현실을 살아가는 대중들과의 교섭은 줄어들었을 것이다. 부파불교는 재가불자를 위한 불교도 아니었고, 재가불자에 의한 불교도 아니었던 것이다. 따라서 재가불자들의 올바른 위상이 확보되기 위해서는 대승불교의 흥기를 기다려야 했던 것이다.

대승불교의 흥기는 부처님의 사리를 봉안한 탑파를 중심으로 한 재가불자들의 집단에 의해서 이루어진 것으로 오늘의 연구성과는 전하고 있다. 부처님의 사리를 봉안한 탑파를 중심으로 모여든 재가불자들은 찬불(讚佛)의 불전문학(佛傳文學)을 형성하는 등, 대승경전의 편집에 관여했을 것이다. 이제 재가불자들의 목소리는 경전의 내용에까지 영향을 미치게 된 것이다. 그 대표적인 예가 《유마경》이다. 주지하다시피 《유마경》은 유마거사가 주인공으로 등장하여 십대 제자를 비롯한 성문, 문수보살을 비롯한 대승보살들과 대화를 나누는 형식이다. 특히 소승의 십대 제자들을 꾸짖는 장면에서 출가에 대한 재가의 우위를 과시하고 있다.

《승만경》 역시 이러한 《유마경》의 재가주의를 계승하고 있는 것으로 생각된다. 다만 《승만경》은 소승의 십대 제자들이 등장하지도 않으며, 그들에 대한 강력한 비판 역시 행하지 않는다. 애시당초 문제삼지 않는 것이다. 이미 《유마경》에서 그러한 작업이 완료되었기 때문일 것으로 생각된다. 《유마경》은 초기 대승경전으로서 대승과 소승이 대립했던 저간의 사정〔대·소 대립의 입장〕을 잘 반영한 것임에 반하여, 《승만경》은 소승보다 대승—그것도 여래만의 길인 佛乘·一乘—을 강조하면서도 소승을 일방적으로 비판·배척하지 않는다. 오히려 소승까지도 섭수(攝受)하고 회통하려는 입장〔대·소 회통의 입장〕을 취하고 있다는 것이 특이한 점이다.

내용면에서 특별히 재가주의적 입장을 설하고 있는 《유마경》과는 달리, 《승만경》은 재가의 우바이인 승만부인이 설법하고 부처님으로부터 수기까지 받고 있다는 점에서 재가주의의 경전으로서 고양된 재가불자의 위상을 잘 반영하고 있는 것으로 생각된다. 물론 그 사상적 배경에는 《승만경》의 중심내용 중 하나인 여래장사상이 놓여 있다.

2) 여성주의

종교는 사회를 선도하기도 하지만, 때로 사회로부터 영향을 받기도 한다. 사회를 반영한다는 것이다.

인간은 평등하다. —이러한 명제는 아직도 여전히 현실은 아니다. 그렇다고 선언적 의미만 있는 것도 아니지만, 여전히 사회 속에서 남녀의 벽은 높고 성차별은 계속되고 있는 형편이다. 우리의 경우만 그런 것은 아니다. 서양의 경우에도 여성에게 보통선거권이 주어진 것은 최근세의 일이라 하지 않는가. 동·서를 막론하고 여자에 대한 불평등의 역사는 뿌리 깊었던 것으로 보아야 한다. 이러한 관점에서 불교 역시 시대적 한계를 안고 출발한다.

앞에서 우리는 불교가 출가의 종교라는 점을 살펴보았다. 출가 자체는 여자와의 관계를 배제하는 행위다. 여자와의 사랑과 결혼을 떠나는 것이 출가다. 그런 뒤 수행자들은 그들만의 출가공동체, 즉 승가를 이루는 것이다. 이러한 형편이므로 승가는 여자에 대해서 특별히 경계하여 수행자들이 욕망의 늪 속에 빠지는 일이 없도록 보호할 필요가 있었을 것이다. 여자에 대해서 부정적으로 평가를 내리고 있는 경전의 여러 가지 언급들은 모두 이러한 배경에서 나온 것이다. 한 예로, 〈소부경전〉은 다음과 같이 말한다.

"비구들이여, 남자의 마음을 사로잡는 단 하나의 형태로 여자보다 더한 것을 나는 알지 못한다. 다른 어떤 소리도 아니며, 다른 어떤 냄새도 아니며, 다른 어떤 풍미도 다른 어떤 촉감도 아니다……"(《불교의 여성론》, p. 29).

남자의 마음을 사로잡는 일, 그것은 수도를 방해하는 일이 될 것이다. 석가모니 부처님의 이모 마하파제파티가 여성의 출가를 청원했을 때, 부처님이 거절했던 것도 여성의 출가로 말미암아 생길지도 모르는 남성 출가교단의 타락을 염려했기 때문일 수도 있겠다.

이렇게 현실적인 문제로부터 도출된 불교의 여성관이 하나의 큰 도전에 직면하게 된 것은 역시 대승불교에 이르러서였다. 특히 누구나 부처님이 될 수 있는 씨앗으로서 여래장을 갖고 있다는 사상이 보편화되자, 여성의 성불이 하나의 문제로 제기되기에 이른 것이다. 종래 여성은 성불할 수 없다는 입장이 보편적이었기 때문이다. 우리는 그같은 정리된 입장을 《법화경》에서 사리불 존자의 입을 통해서 들을 수 있게 된다. 이른바 여인오장설(女人五障說)이다.

　　"그대가 오래지 않은 동안에 위없는 도를 얻는다 함은 믿기 어렵다. 왜냐하면 여신(女身)은 때묻고 더러워서 법기(法器)가 아니니, 어떻게 능히 위없는 도를 얻겠는가. 불도(佛道)는 멀어서 무량겁을 지내도록 부지런히 고행을 쌓고 모든 바라밀을 구족하게 닦은 후에야 이루어지는 것이다. 또 여인의 몸에는 다섯 가지 장애가 있으니 첫째, 범천왕이 되지 못한다. 둘째, 제석이 되지 못한다. 셋째, 마왕이 되지 못한다. 넷째, 전륜성왕이 되지 못한다. 다섯째, 불신(佛身)이 되지 못한다. 어떻게 여신으로 성불할 수 있겠는가."

　　이러한 종래의 입장에 대해서 《법화경》은 진일보한 성불론을 제시한다. 즉 변성성불론(變成成佛論)이다. 일단 남자의 몸으로 되었다가 성불한다는 것이다. 그리고 그 실례로서 용녀(龍女)가 그렇게 성불했음을 말하고 있다. 그러나 이는 엄밀히 말하면 여성의 성불이라 말하기 어렵다. 성불한 주체는 남자이기 때문이다. 이러한 한계는 극복할 수 없는가? 여성의 몸 그대로 성불할 수는 없는가?

《승만경》은 간접적인 방법이나마 이러한 한계를 극복하고 있다. 그러니까 불교사에 있어서 남녀평등의 이념적 정립은 초기 대승경전인 《법화경》의 시대보다 더 내려와서 중기 대승경전인 《승만경》을 기다려야 했던 것이다. 《승만경》은 한 여성불자인 승만부인이 설법을 하며 부처님으로부터 장차 성불하여 보광(普光)여래가 될 것이라는 수기를 얻고 있는 것이다. 굳이 남자로 변하지 않더라도 여성의 몸 그대로 성불한다는 것이다. 여성즉신성불설(女性卽身成佛說)이다.

뿐만 아니라 《승만경》은 부처님에게만 사용하는 '사자후'라는 말을 한 여성의 설법에도 그대로 사용하고 있는 것이다. 이로써 우리는 《승만경》이 페미니즘의 경전임을 알 수 있다.

3. 특징적 사상과 그 의미

1) 섭수정법, 일승, 여래장

구나발타라 번역의 《승만경》은 전체가 15장으로 이루어져 있으며, 보리류지 번역의 《대보적경》 승만부인회는 분장(分章)되어 있지 않다. 우리의 저본인 구나발타라 역을 중심으로 《승만경》 전체를 살펴본다. Alex Waymann은 종래 《승만경》을 주석한 고승들—혜원·규기·길장·성덕태자—의 과분(科分)을 소개하고 있다(pp. 120~123). 이 중에서 혜원의 이해에 보다 공감을 느낀다. 혜원의 과분을 토대로 필자는 서분(序分)·정종분(正宗分)·유통분(流通分)으로 나누는 새로운 과분을 다음과 같이 마련해 보았다(예컨대, 숫자 1은 제1장 〈여래진실의공덕장〉을 가리킨다).

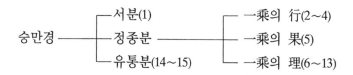

《승만경》의 정식 이름 《승만사자후일승대방편방광경》에 나타나 있는 바와 같이, 《승만경》은 일승의 가르침을 설하고 있는 것이다. 인천(人天)의 무리 앞에는 인천의 선근이 놓여 있고, 성문·연각·대승보살 앞에는 각기 성문·연각·대승보살의 가르침이 놓여 있다. 그러나 그 모든 가르침은 사실은 일승의 가르침에 근거하여 있는 것이다. 이렇게 《승만경》은 일승의 가르침을 갖가지로 설하고 있는 경전이라 할 수 있다. 이제 주된 교설을 좀더 자세히 언급해 본다.

승만부인은 열 가지 원→세 가지 원→하나의 원을 각기 세운다. 그러면서 보살이 세운 모든 원은 궁극적으로 하나의 원 속에 포함된다고 하였다. 그 하나의 원이 바로 올바른 가르침을 받아들이는 것이다. 그러므로 불법을 믿고 행하는 선남자·선여인은 모두 올바른 가르침을 받아들여야 할 것이다. 그렇다면 올바른 가르침을 받아들이는 일은 어떤 일이겠는가? 이에 대한 《승만경》 자체의 설명은 다음과 같다. 첫째, 올바른 가르침을 받아들이는 행위와 올바른 가르침이 다르지 않다. 둘째, 올바른 가르침을 받아들이는 일과 올바른 가르침을 받아들이는 사람이 다르지 않다. 셋째, 올바른 가르침을 받아들이는 일이 대승이다. 넷째, 올바른 가르침을 받아들이는 일이 바라밀이다.

이렇게 《승만경》은 올바른 가르침을 대승이며, 또 대승의 바라밀이라 부르고 있다. 그런데 앞서 살펴본 바와 같이 《승만경》은 일승의 가르침이다. 그렇다면 대승과 일승의 관계를 어떻게 말하고 있는 것일까? 전통적으로 삼승과 일승의 관계를 설명하는 견해에 두 가지가 있음을 우리는 알고 있다. 삼승의 대승 밖에 따로이 일승을 내세우는 입장과 삼승의 대승이 곧 일승이라는 입장이다. 이 중 전자를 사거가(四車家)라 하며, 후자를 삼거가(三車家)라고 한다. 《승만경》은 이 두 가지 견해 중에서 바로 후자, 즉 삼거가의 입장을 취하고 있는 것이다. 승만부인은 말한다.

"대승은 곧 부처님의 길〔佛乘〕입니다. 그러므로 세 가지 길은 곧 하나의 길이므로, 하나의 길을 얻는 자는 위없이 바른 깨달음을 얻는 것입니다. 위없이 바른 깨달음은 열반의 세계입니다. 열반의 세계는 곧 여래의 법신입니다. 궁극적인 법신을 얻는다는 것은 곧 궁극적인 하나의 길을 얻는 것입니다. 법신은 여래와 다르지 않고, 여래는 법신과 다르지 않으니, 여래가 곧 법신입니다. 궁극적인 법신을 얻는다는 것은 궁극적인 하나의 길을 얻는 것입니다."

위의 인용문은 '대승＝불승＝아뇩다라삼먁삼보리＝열반＝구경법신＝구경일승＝여래'로 정리할 수 있다. 이와 같은 이치를 인천이나 성문·연각 등은 알 수 없는 것이 당연하리라. 오직 부처님만이 알 수 있는 것이다.

그 다음, 무슨 근거로 '세 가지 길이 없으며, 세 가지 길이라 하는 것은 하나의 길에 들어가는 것'이라 말하는 것인가? 《여래장경》에서 설하는 바와 같이 모든 중생은 여래장이기 때문이다. 같은 여래장사상을 설하는 《부중불감경》은 여래장의 구조를 세 가지로 정리하고 있다. 첫째, 여래장은 청정한 여러 가지 덕성과 알 수 없는 옛부터 함께 있으며, 또 그것과 본질적으로 결합하고 있다는 것이다. 둘째, 여래장은 번뇌에 덮여 있는 청정하지 않은 여러 가지 덕성과 알 수 없는 옛부터 함께 있으며, 또 그것과 본질적으로 결합하고 있지 않다. 셋째, 여래장은 영겁토록 견고불변한 본성이 있다.

이러한 여래장의 세 가지 구조는 《승만경》에서도 그대로 나타나 있다. 위에서 말한 첫째는 여래장의 자성청정심(自性淸淨心)을 말하는 속에서, 둘째는 객진번뇌염(客塵煩惱染)을 말하는 속에서 각기 언급하고 있는 것이다. 셋째는 상주하여 변하지 않는다는 교설 속에 반복되어 있는 것이다. 영원히 존재하며 불변한다는 여래장은 법신과 동의어로서, 《열반경》에서 설하는 상·낙·아·정의 네 가지 덕을 그대로 갖고 있는 것이다. 그런데 문제는 여래장이 법신과 동의어이면서 한편으로 생사의 뿌리가 된다는 점에 있다. "생사라고 하는 것은 여래장에 의지하는 것"이라는 점도 사실인 것이다. 이렇게 여래장은 양면성을 갖고 있는 것이다.

  그렇다면 자성청정한 여래장이 어떻게 해서 객진의 번뇌에 오염되는가? 이 점에 대해서 《승만경》은 분명한 언급을 하지 못하고 있다. 단지 "본래부터 청정한 마음이면서 물드는 것은 가히 잘 알기 어렵다"고 말할 뿐이다. 《기신론》의 유전연기문(流轉緣起門)의 설명을 기다려야 할 것이다. 그렇지만 《승만경》 역시 번뇌론을 설하고 있다. 간략히 살펴보면, 무명의 잠재적 번뇌가 네 가지 잠재적 번뇌를 낳는 것이며, 다시 그에 따르는 부수적 번뇌를 낳는다는 것이다. 이들 모든 번뇌의 뿌리는 무명의 잠재적 번뇌이다. 이것이 있으므로 네 가지 잠재적 번뇌가 있는 것이다. 그러므로 우리는 자성청정심이 객진번뇌에 오염되는 것은 바로 이 무명의 잠재적 번뇌 때문임을 알 수 있는 것이다. 그리고 그 당연한 결과로서 이 무명의 잠재적 번뇌만 제거하게 되면, 모든 법의 자재로운 경지에 오를 수 있는 것이다. 그때, 우리는 다음과 같이 말할 것이다, 부처님처럼.

  "나의 생은 이미 다했으며

청정한 행은 이미 완성했으며
지어야 할 바는 이미 마쳤으며
미래의 윤회하는 삶은 받지 않으리."

2) 여래장사상사 내의 위치

　중기 대승경전인 《승만경》은 여래장사상사에서 볼 때,
어떠한 위상을 차지하고 있는 것일까? 이에 대해서 高崎直
道는 다음과 같은 〈여래장경전 계통도〉를 그리고 있다(《여
래장계경전》, p. 425).

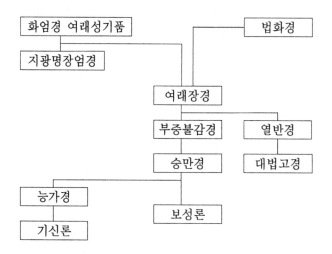

　이 중 《여래장경》·《부중불감경》·《승만경》을 '여래장
삼부경(三部經)'이라 말한다. 《여래장경》은 여래장의 정의
를 아홉 가지 비유를 들어서 설명하는 경전으로서, 《승만

경》에의 직접적인 영향을 추정하기는 쉽지 않다. 물론 여래 장사상을 설하는 것이므로 《여래장경》이 존재하지 않았다 면 《승만경》의 존재는 불가능했을 것이지만 말이다.

다음, 《부증불감경》과 《승만경》의 관계에 대해서이다. 이 들의 선후관계에 대해서 高崎直道는 《부증불감경》이 《승만 경》에 앞선다고 하였는데, 근래 정호영 교수는 그의 저 《여 래장사상》(p.58)에서 《승만경》이 《부증불감경》보다 선행했 을 것으로 추정하고 있다. 필자는 그같은 문제에 대한 판단 을 할 만큼 연구가 충분하지 못하므로, 여기서는 《부증불감 경》과 《승만경》 사이에 존재하는 유사성만 언급하기로 한 다. 위에서 설한 바와 같이, 여래장은 여러 가지 덕성과 불 가분의 것이며, 청정한 진여이며, 법계로서 불가사의한 자 성청정심이라는 점 등은 《부증불감경》에서도 설해지고 있 는데, 이는 양자가 동일한 사상적 입장이다.

《승만경》으로부터 영향을 받은 여래장사상 계통의 경전 으로 《능가경》이 있다. 《능가경》은 《승만경》을 이으면서도 여래장과 아뢰야식을 동일시하는 특유의 입장을 취하고 있 다. 그러나 《능가경》은 선사상을 내포하는 등 보다 복잡하 고 종합적인 교설을 다루고 있다. 이러한 《능가경》을 소의 경전으로 한 《대승기신론》은 《승만경》의 여래장사상을 이 으면서도 유식사상을 보다 적극적으로 받아들이고 있다. 《승만경》 역시 무명의 잠재적 번뇌 등을 말하고 있지만, 《기신론》은 보다 세밀하게 객진번뇌로부터 오염 당하는 과 정을 논하고 있는 것이다. 이 점에서 《승만경》을 보다 발전

시킨 논서라고도 말할 수 있을 것이다.

이 외에, 중요한 논서로 《보성론》이 있다. 《보성론》은 직접 《승만경》으로부터 26회나 인용하고 있다. 〈섭수정법장〉 3회, 〈일승장〉 11회, 〈법신장〉 6회, 〈전도진실장〉 3회, 〈자성청정장〉 3회 등이다(이들 인용에 대해서 宇井伯壽는 산스크리트어와 한역을 대조하여 연구의 편의를 도모하였다). 그런만큼 《보성론》은 《승만경》을 소의로 해서 지어진 논서라는 평가를 받고 있는 것이다.

4. 맺음말

《승만경》은 여래장사상을 설하는 경전으로서 후대에 큰 영향을 미친 경전이다. 모든 중생은 여래장의 존재라고 하는 새로운 인식에서부터 재가불자나 여성도 성불할 수 있다는 생각이 확립된 것이다. 그러한 입장이 형식적으로 표현된 것이 '승만부인의 설법과 수기'라고 생각된다.

이와 같은 《승만경》이 우리 역사에 처음 전해진 것은 진흥왕 37년(576)에 안홍(安弘)에 의해서다. 안홍은 유학갔던 수나라로부터 귀국하면서 《승만경》과 《능가경》을 가져다 조정에 전했던 것이다. 이후 원효는 직접 《승만경소》 2권(혹은 3권)을 썼는데, 아쉽게도 현재 전하지 않는다. 다만 일본 응연(凝然)의 《승만경소상현기》 속에 인용되는 구절들이 남아 있을 뿐이다. 이를 김상현 교수가 집일(輯逸)하여서, 우리의 참고를 가능케 해주었다.

　신라 중대의 불교계에는 이렇게 여래장사상이 크게 유행했던 것으로 생각된다. 그리고 그러한 토양 위에서 신라 하대의 선이 전래할 수 있었을 것이다.

＊ ＊ ＊

　《승만경》을 옮기면서 세 가지를 새삼 느꼈습니다.

　첫째, "모르는 것을 아는 것이 아는 것이다"라는 말을 되새기게 된 것입니다. 흔히 《승만경》의 제목이 익숙하다는 사실로, 그 속에서 설해지는 '승만부인의 설법과 수기'에 대한 이야기만을 듣고 《승만경》쯤은 다 아는 것으로 착각해온 것은 아닌지, 저부터 반성하게 되었습니다.

　둘째, 번역에 있어서 원전이나 여러 판본과의 대조가 필수적이라는 사실을 다시 배웠습니다. 이 짧은 《승만경》은 곳곳에 난문(難文)들이 숨어 있었습니다. 구나발타라 번역본만으로는 도저히 정확한 이해를 기약할 수 없는 부분도 많았습니다. 이러한 부분은 산스크리트어 단편, 티베트역의 일본어 번역, 《대보적경》의 승만부인회 등을 참조할 때 이해되었던 것입니다.

　셋째, 《승만경》은 비교적 짧지만, 불교공부의 길목에 놓여 있는 매우 중요한 경전입니다. 그럼에도 충분히 읽거나 연구되지 못해 왔다는 점이 새삼스러웠습니다. 우리 한국불교의 경전읽기가 몇몇 경전들에만 너무 편중된 것이 아닌가 합니다. 편식이 좋지 않은 것처럼, 편독(偏讀) 역시 좋은 것은 아닙니다. 근래 불교계의 신문들을 통해서 차츰 《승만경》의 강의가 행해지는 사찰이나 법회가 늘고 있음을 알 수 있었습니다. 다행으로 느낍니다. 《유마경》과 함께 《승만경》을 많이 읽으면서 재가불자도 성불할 수 있다는 확신과 그를 위한 수행이 이루어질 수 있었으면 합니다.

번역하기 전에 함께 《승만경》을 읽었던 백화도량의 여러 불자님께, 특히 김남희·이기현 길벗께 감사드립니다. 그리고 《승만경》을 꼼꼼히 읽을 수 있게 기회를 주신 민족사 윤창화 사장님께도 감사드립니다. 역시 일이 공부였습니다.

병자년(1996) 설 다음 날 새벽

김호성 합장

새로 구두(句讀)한 한문 《승만경》

새로운 구두법(句讀法)에 대하여

　종래 한문의 구두(句讀)는 이두 토를 붙이거나, 혹은 현토를 해왔다. 역자 역시 《승만경》의 한문 원문에 현토하는 문제를 검토해 보았다. 그러나 현토는 세밀하지 못한 단점이 있었다. 예컨대, 《승만경》의 난문 중 하나로서 다음 문장을 검토해 보자.

　謂離善知識無聞非法衆生 以人天善根而成熟之

　현토를 할 경우 '衆生' 다음에 토를 한 번밖에 달 수 없다. 그런데 문제는 衆生 이전에 그 내부의 관계가 해명되어야 한다. 離善知識, 無聞, 非法은 모두 衆生을 수식하는 말이다. 그러므로 이를 다음과 같이 끊는다면, 그 뜻이 분명해질 것이다.

　離善知識・無聞・非法衆生, 以人天善根而成熟之

　그래서 역자는 현토의 방식보다 중국에서 이루어진 《二十五史》의 구두방식을 따르기로 한 것이다. 이는 국제적으로 통용되는 구두법이기도 하다. 다만, 종래 우리 불교학계에서는 이같은 방식이 시도되지 않았다. 주로 《고급한문해

석법 —한문을 어떻게 끊어 읽을 것인가—》(管敏義 지음, 서울대 동양사학연구실 옮김, 창작과 비평사 펴냄, 1994)을 참조했으나, 처음 시도하는 만큼 잘못이 있을까 염려된다. 많은 질정을 바라며, 구두의 원칙을 아래에서 밝힌다.

— 아   래 —

◦ 한 문장이 끝나는 곳에는 온점(.)을 한다.
◦ 구절이 끝날 때 반점(,)을 한다.
◦ 병렬복문에서는 쌍반점(;)을 한다.
◦ 직접화법의 인용은 전달동사 다음에 쌍점(:)을 하고, 인용문 자체는 큰따옴표(" ")를 한다.
◦ 내용적으로는 앞 장(章)과 연결되더라도 장이 바뀌면 새로 큰따옴표(" ")를 한다. 인용 속의 인용이나, 단어 혹은 구절의 인용은 작은따옴표(' ')를 한다.
◦ 명사들을 단순히 나열할 때는 가운뎃점(·)을 한다.
◦ 인명과 지명 등의 고유명사는 밑줄(___)을 친다.
◦ 문맥에 따라서 문단을 나누기로 하고, 문단이 나눠질 때는 별행(別行)으로 처리한다.
◦ 의미상 부연·설명하는 뜻이 있을 때는 줄표(—)를 한다.
◦ 의문문의 끝에는 물음표(?)를 한다.
◦ 감탄의 의미가 있을 때는 느낌표(!)를 한다.

勝鬘師子一乘大方便方廣經

宋中印度三藏求那跋陀羅譯.

如來眞實義功德章 第一

如是我聞. 一時, 佛住舍衛國祇樹給孤獨園. 時, 波斯匿王及末利夫人, 信法未久, 共相謂言: "勝鬘夫人, 是我之女, 聰慧利根, 通敏易悟. 若見佛者, 必速解法, 心得無疑. 宜時遣信, 發其道意."

夫人白言: "今正是時."

王及夫人, 與勝鬘書, 略讚如來無量功德. 卽遣內人, 名旃提羅. 使人奉書, 至阿踰闍國, 入其宮內, 敬授勝鬘. 勝鬘得書, 歡喜頂受, 讀誦受持, 生希有心, 向旃提羅, 而說偈言: "我聞佛音聲, 世所未曾有, 所言眞實者, 應當修供養.

仰惟佛世尊, 普爲世間出, 亦應垂哀愍, 必令我得見."

卽生此念時, 佛於空中現, 普放淨光明, 顯示無比身. 勝鬘及眷屬, 頭面接足禮, 咸以淸淨心, 歎佛實功德:

"如來妙色身, 世間無與等, 無比不思議, 是故今敬禮.

如來色無盡, 智慧亦復然, 一切法常住, 是故我歸依.
降伏心過惡, 及與身四種, 已到難伏地, 是故禮法王.
知一切爾炎, 智慧身自在, 攝持一切法, 是故今敬禮.
敬禮過稱量, 敬禮無譬類, 敬禮無邊法, 敬禮難思議.
哀愍覆護我, 令法種增長, 此世及後生, 願佛常攝受."

"我久安立汝, 前世已開覺, 今復攝受汝, 未來生亦然."

"我已作功德, 現在及餘世, 如是衆善本, 唯願見攝受."
爾時, 勝鬘及諸眷屬, 頭面禮佛, 佛於衆中, 卽爲受記: "汝
歎如來眞實功德, 以此善根, 當於無量阿僧祇劫, 天人之中, 爲
自在王. 一切生處, 常得見我, 現前讚歎, 如今無異. 當復供養
無量阿僧祇佛, 過二萬阿僧祇劫, 當得作佛號普光如來應正遍
智, 彼佛國土, 無諸惡趣 · 老 · 病 · 衰 · 惱 · 不適意苦, 亦無不
善 · 惡業道名. 彼國衆生, 色 · 力 · 壽命 · 五欲 · 衆具, 皆悉快
樂, 勝於他化自在諸天. 彼諸衆生, 純一大乘, 諸有修習善根,
衆生皆集於彼."
勝鬘夫人, 得受記時, 無量衆生, 諸天及人, 願生彼國, 世尊,
悉記: "皆當往生."

十受章 第二

爾時, 勝鬘聞受記已, 恭敬而立受十大受: "世尊, 我從今日,

乃至菩提, 於所受戒, 不起犯心. 世尊, 我從今日, 乃至菩提, 於諸尊長, 不起慢心. 世尊, 我從今日, 乃至菩提, 於諸衆生, 不起恚心. 世尊, 我從今日, 乃至菩提, 於他身色及外衆具, 不起疾心. 世尊, 我從今日, 乃至菩提, 於內外法, 不起慳心. 世尊, 我從今日, 乃至菩提, 不自爲己受畜財物, 凡有所受, 悉爲成熟貧苦衆生. 世尊, 我從今日, 乃至菩提, 不自爲己行四攝法, 爲一切衆生苦, 以不愛染心・無厭足心・無罣碍心, 攝受衆生. 世尊, 我從今日, 乃至菩提, 若見孤・獨・幽繋・疾病・種種厄難・困苦衆生, 終不暫捨, 必欲安穩, 以義饒益, 令脫衆苦, 然後乃捨. 世尊, 我從今日, 乃至菩提, 若見捕養・衆惡律儀及諸犯戒, 終不棄捨. 我得力時, 於彼彼處, 見此衆生, 應折伏者而折伏之;應攝受者而攝受之. 何以故? 以折伏攝受故, 令法久住. 法久住者, 天人充滿, 惡道減少, 能於如來所轉法輪而得隨轉, 見是利故, 救攝不捨. 世尊, 我從今日, 乃至菩提, 攝受正法, 終不忘失. 何以故? 忘失法者, 則忘大乘;忘大乘者, 則忘波羅蜜;忘波羅蜜者, 則不欲大乘. 若菩薩, 不決定大乘者, 則不能得攝受正法, 欲隨所樂, 入永不堪任越凡夫地. 我見如是無量大過, 又見未來攝受正法菩薩摩訶薩, 無量福利故, 受此大受. 法主世尊, 現爲我證. 唯佛世尊, 現前證知, 而諸衆生, 善根微薄, 或起疑網, 以十大受極難度故. 彼或長夜, 非義饒益, 不得安樂. 爲安彼故, 今於佛前, 說誠實誓. 我受此十大受, 如說行者, 以此誓故, 於大衆中, 當雨天花, 出天妙音說."

　是語時, 於虛空中, 雨衆天花, 出妙音聲言:"如是如是, 如汝所說, 眞實無異."

彼見妙花及聞音聲, 一切衆會疑惑悉除, 喜踊無量而發願言: "恒與勝鬘, 常共俱會, 同其所行."

世尊, 悉記: "一切大衆, 如其所願."

三願章 第三

爾時, 勝鬘, 復於佛前, 發三大願, 而作是言: "以此實願, 安穩無量無邊衆生, 以此善根, 於一切生, 得正法智, 是名第一大願. 我得正法智已, 以無厭心, 爲衆生說, 是名第二大願. 我於攝受正法, 捨身命財, 護持正法, 是名第三大願."

爾時, 世尊, 卽記: "勝鬘三大誓願, 如一切色, 悉入空界. 如是, 菩薩恒沙諸願, 皆悉入此三大願中. 此三願者, 眞實廣大."

攝受章 第四

爾時, 勝鬘白佛言: "我今當復承佛威神, 說調伏大願眞實無異."

佛告勝鬘: "恣聽汝說."

勝鬘白佛: "菩薩所有, 恒沙諸願, 一切皆入一大願中, 所謂攝受正法. 攝受正法, 眞爲大願."

佛讚勝鬘: "善哉善哉! 智慧方便, 甚深微妙, 汝已長夜, 植

諸善本. 來世衆生, 久種善根者, 乃能解汝所說. 汝之所說, 攝
受正法, 皆是過去・未來・現在諸佛, 已說・今說・當說, 我今
得無上菩提, 亦常說此攝受正法. 如是, 我說攝受正法, 所有功
德, 不得邊際, 如來智慧辯才, 亦無邊際. 何以故? 是攝受正法,
有大功德, 有大利益."

勝鬘白佛:"我當承佛神力, 更復演說攝受正法廣大之義."

佛言:"便說."

勝鬘白佛:"攝受正法廣大義者, 則是無量, 得一切佛法, 攝
入八萬四千法門. 譬如劫初成時, 普興大雲, 雨衆色雨及種種
寶. 如是, 攝受正法, 雨無量福報及無量善根之雨. 世尊, 又如
劫初成時, 有大水聚, 出生三千大千界藏及四百億種種類洲.
如是, 攝受正法, 出生大乘無量界藏・一切菩薩神通之力・一
切世間安穩快樂・一切世間如意自在及出世間安樂. 劫成乃至,
天人本所未得, 皆於中出. 又如大地持四重擔, 何等爲四? 一者
大海, 二者諸山, 三者草木, 四者衆生. 如是, 攝受正法善男子
善女人, 建立大地, 堪能荷負四種重任, 喩彼大地, 何等爲四?
謂離善知識・無聞・非法衆生, 以人天善根而成熟之;求聲聞
者, 授聲聞乘;求緣覺者, 授緣覺乘;求大乘者, 授以大乘, 是
名攝受正法. 善男子善女人, 建立大地, 堪能荷負四種重任. 世
尊, 如是攝受正法善男子善女人, 建立大地, 堪能荷負四種重
任, 普爲衆生, 作不請之友, 大悲安穩哀愍衆生, 爲世法母. 又
如大地, 有四種寶藏, 何等爲四? 一者無價, 二者上價, 三者中
價, 四者下價:是名大地四種寶藏. 如是, 攝受正法善男子善女
人, 建立大地, 得衆生四種最上大寶, 何等爲四? 攝受正法善男

子善女人, 無聞·非法衆生, 以人天功德善根而授與之；求聲
聞者, 授聲聞乘；求緣覺者, 授緣覺乘；求大乘者, 授以大乘,
如是, 得大寶衆生, 皆由攝受正法善男子善女人, 得此奇特希有
功德. 世尊, 大寶藏者, 卽是攝受正法.

世尊, 攝受正法. 攝受正法者：無異正法, 無異攝受正法, 正
法卽是攝受正法. 世尊, 無異波羅蜜, 無異攝受正法. 攝受正法,
卽是波羅蜜. 何以故？攝受正法善男子善女人, 應以施成熟者,
以施成熟, 乃至捨身支節, 將護彼意而成熟之；彼所成熟衆生,
建立正法：是名檀波羅蜜. 應以戒成熟者, 以守護六根, 淨身口
意業, 乃至正四威儀, 將護彼意而成熟之；彼所成熟衆生, 建立
正法：是名尸波羅蜜. 應以忍成熟者, 若彼衆生罵詈·毀辱·
誹謗·恐怖, 以無恚心·饒益心, 第一忍力, 乃至顏色無變, 將
護彼意而成熟之；彼所成熟衆生, 建立正法：是名羼提波羅蜜.
應以精進成熟者, 於彼衆生, 不起懈心, 生大欲心, 第一精進,
乃至若四威儀, 將護彼意而成熟之；彼所成熟衆生, 建立正
法：是名毘梨耶波羅蜜. 應以禪成熟者, 於彼衆生, 以不亂心·
不外向心, 第一正念, 乃至久時所作, 久時所說, 終不忘失, 將
護彼意而成熟之；彼所成熟衆生, 建立正法：是名禪波羅蜜.
應以智慧成熟者, 彼諸衆生問一切義, 以無畏心, 而爲演說一切
論·一切工巧, 究竟明處, 乃至種種工巧諸事, 將護彼意而成熟
之；彼所成熟衆生, 建立正法：是名般若波羅蜜. 是故, 世尊,
無異波羅蜜, 無異攝受正法. 攝受正法, 卽是波羅蜜. 世尊, 我
今承佛威神, 更說大義.”

佛言：“便說.”

勝鬘白佛攝受正：“攝受正法者：無異攝受正法，無異攝受正法者，攝受正法善男子善女人，卽是攝受正法，何以故？若攝受正法善男子善女人，爲攝受正法，捨三種分，何等爲三？謂身命財．善男子善女人，捨身者，生死後際等，離老病死，得不壞常住，無有變易，不可思議功德，如來法身．捨命者，生死後際等，畢竟離死，得無邊·常住·不可思議功德，通達一切甚深佛法．捨財者，生死後際等，得不共一切衆生·無盡無減，畢竟常住·不可思議·具足功德，得一切衆生殊勝供養．世尊，如是，捨三分善男子善女人，攝受正法，常爲一切諸佛所記，一切衆生之所瞻仰．

　　世尊，又善男子善女人，攝受正法者：法欲減時 一比丘·比丘尼·優婆塞·優婆夷，朋黨諍訟，破壞離散— 以不諂曲·不欺狂·不幻僞，受樂正法，攝受正法，入法朋中．入法朋者，必爲諸佛之所授記．世尊，我見攝受正法，如是大力．佛爲實眼實智，爲法根本，爲通達法，爲正法依，亦悉知見．”

　　爾時，世尊，於勝鬘所說攝受正法大精進力，起隨喜心：“如是，勝鬘！如汝所說，攝受正法大精進力，如大力士，少觸身分，生大苦痛．如是，勝鬘！少攝受正法，令魔苦惱，我不見餘一善法，令魔憂苦，如少攝受正法．又如牛王，形色無比，勝一切牛．如是大乘，少攝受正法，勝於一切二乘善根，以廣大故．又如須彌山王，端嚴殊特，勝於衆山．如是，大乘，捨身命財，以攝取心，攝受正法，勝不捨身命財·初住大乘一切善根．何況二乘，以廣大故．是故，勝鬘，當以攝受正法，皆是衆生，敎化衆生，建立衆生．如是，勝鬘！攝受正法，如是大利，如是大福，如是大果. 勝鬘! 我於阿僧祇阿僧祇劫, 說攝受正法功德義利, 不得邊際. 是故, 攝受正法, 有無量無邊功德."

一乘章 第五

佛告勝鬘 : "汝今更說一切諸佛所說, 攝受正法."

勝鬘白佛 : "善哉, 世尊! 唯然受敎." 卽白佛言 : "世尊, 攝受正法者, 是摩訶衍. 何以故? 摩訶衍者, 出生一切聲聞緣覺, 世間 · 出世間善法. 世尊, 如阿耨大池, 出八大河. 如是, 摩訶衍, 出生一切聲聞緣覺, 世間 · 出世間善法. 世尊, 又如一切種子, 皆依於地而得生長. 如是一切聲聞緣覺, 世間 · 出世間善法, 依於大乘而得增長. 是故, 世尊, 住於大乘, 攝受大乘, 卽是住於二乘, 攝受二乘 · 一切世間出世間善法.

如世尊說六處, 何等爲六? 謂正法住 · 正法滅 · 波羅提木叉 · 毘尼 · 出家 · 受具足. 爲大乘故, 說此六處, 何以故? 正法住者, 爲大乘故, 說大乘住者卽正法住. 正法滅者, 爲大乘故, 說大乘滅者卽正法滅. 波羅提木叉 · 毘尼, 此二法者, 義一名異. 毘尼者, 卽大乘學. 何以故? 以依佛出家而受具足. 是故, 說大乘威儀戒, 是毘尼是出家是受具足. 是故, 阿羅漢無出家 · 受具足. 何以故? 阿羅漢依如來, 出家 · 受具足故.

阿羅漢歸依於佛, 阿羅漢有恐怖. 何以故? 阿羅漢, 於一切無行, 怖畏常住, 如人執劍欲來害已. 是故, 阿羅漢無究竟樂. 何以故? 世尊, 依不求依. 如衆生無依彼彼恐怖, 以恐怖故, 則求

歸依. 如阿羅漢有恐怖, 以怖畏故, 依於如來. 世尊, 阿羅漢·
벽支佛有怖畏, 是故, 阿羅漢·辟支佛, 有餘生法不盡故, 有生
有餘. 梵行不成, 故不純, 事不究竟故, 當有所作, 不度彼故, 當
有所斷. 以不斷故, 去涅槃界遠. 何以故? 唯有如來·應·正等
覺般涅槃, 成就一切功德故. 阿羅漢·辟支佛不成就一切功德.
言'得涅槃'者, 是佛方便, 唯有如來得涅槃, 成就無量功德故.
阿羅漢·辟支佛成就有量功德, 言'得涅槃'者, 是佛方便, 唯有
如來得般涅槃, 成就不可思議功德故. 阿羅漢·辟支佛成就思
議功德. 言'得涅槃'者, 是佛方便, 唯有如來得般涅槃, 一切所
應斷過, 皆悉斷滅, 成就第一清淨. 阿羅漢·辟支佛, 有餘過,
非第一清淨. 言'得涅槃'者, 是佛方便, 唯有如來得般涅槃, 爲
一切衆生之所瞻仰, 出過阿羅漢·辟支佛·菩薩境界. 是故, 阿
羅漢·辟支佛, 去涅槃界遠. 言'阿羅漢辟支佛, 觀察解脫四智,
究竟得蘇息處'者, 亦是如來方便, 有餘不了義說.

何以故? 有二種死. 何等爲二? 謂分段死·不思議變易死.
分段死者, 謂虛僞衆生;不思議變易死者, 謂阿羅漢·辟支
佛·大力菩薩意生身, 乃至究竟無上菩提. 二種死中, 以分段死
故, 說阿羅漢·辟支佛智, 我生已盡. 得有餘果證故, 說'梵行已
立'. 凡夫·人天, 所不能辦, 七種學人, 先所未作虛僞煩惱斷
故, 說'所作已辦'. 阿羅漢·辟支佛, 所斷煩惱, 更不能受後有
故, 說'不受後有'. 非盡一切煩惱, 亦非盡一切受生故, 說'不受
後有'. 何以故? 有煩惱.

是阿羅漢·辟支佛所不能斷煩惱, 有二種. 何等爲二? 謂住
地煩惱及起煩惱. 住地有四種, 何等爲四? 謂見一處住地·欲

愛住地·色愛住地·有愛住持. 此四種住地, 生一切起煩惱. 起者, 刹那心刹那相應. 世尊, 心不相應, 無始無明住地. 世尊, 此四住地力, 一切上煩惱依種, 比無明住地, 算數譬喩, 所不能及.

世尊, 如是, 無明住地, 力於有愛·數四住地. 無明住地力, 其力最大. 譬如惡魔波旬, 於他化自在天, 色·力·壽命·眷屬·衆自在殊勝. 如是, 無明住地, 力於有愛·數四住地, 其力最勝, 恒沙等數上煩惱依, 亦令四種煩惱久住. 阿羅漢·辟支佛智所不能斷, 唯如來菩提之所能斷. 如是, 世尊, 無明住地, 最爲大力.

世尊, 又如取緣有漏業因, 生阿羅漢·辟支佛·大力菩薩三種意生身. 此三地·彼三種意生身生及無漏業生, 依無明住地, 有緣非無緣. 是故, 三種意生及無漏業, 緣無明住地. 世尊, 如是, 有愛住地·數四住地, 不與無明住地業同. 無明住地, 異離四住地, 佛地所斷, 佛菩提智所斷. 何以故? 阿羅漢·辟支佛斷四種住地, 無漏不盡, 不得自在力, 亦不作證. 無漏不盡者, 卽是無明住地. 世尊, 阿羅漢·辟支佛·最後身菩薩, 爲無明住地之所覆障故, 於彼彼法不知不覺. 以不知見故, 所應斷者, 不斷不究竟. 以不斷故, 名有餘過解脫. 非離一切過解脫, 名有餘清淨. 非一切清淨, 名成就有餘功德. 非一切功德, 以成就有餘解脫·有餘清淨·有餘功德. 故, 知有餘苦, 斷有餘集, 證有餘滅, 修有餘道：是名得少分涅槃. 得少分涅槃者, 名向涅槃界.

若知一切苦, 斷一切集, 證一切滅, 修一切道, 於無常壞世間·無常病世間, 得常住涅槃；於無覆護世間·無依世間, 爲護爲依. 何以故? 法無優劣故, 得涅槃；智慧等故, 得涅槃；解脫等故, 得涅槃;淸淨等故, 得涅槃. 是故, 涅槃, 一味等味—謂解脫味—.

世尊, 若無明住地, 不斷不究竟者, 不得一味等味—謂解脫味—. 何以故? 無明住地不斷不究竟者, 過恒河沙等所應斷法, 不斷不究竟. 過恒河沙等所應斷法, 不斷故, 過恒河沙等法, 應得不得, 應證不證. 是故, 無明住地積聚, 生一切修道斷煩惱‧上煩惱;彼生心上煩惱‧止上煩惱‧觀上煩惱‧禪上煩惱‧正受上煩惱‧方便上煩惱‧智上煩惱‧果上煩惱‧得上煩惱‧力上煩惱‧無畏上煩惱, 如是過恒河沙等上煩惱, 如來菩提智所斷, 一切皆依無明住地之所建立. 一切上煩惱起, 皆因無明住地, 緣無明住地.

世尊, 於此起煩惱, 刹那心刹那相應. 世尊, 心不相應, 無始無明住地. 世尊, 若復過於恒沙如來菩提智所應斷法, 一切皆是無明住地所持所建立. 譬如一切種子, 皆依地生建立增長. 若地壞者, 彼亦隨壞, 如是過恒河沙等如來菩提智所應斷法, 一切皆依無明住地生‧建立‧增長. 若無明住地斷者, 過恒河沙等如來菩提智所應斷法, 皆亦隨斷. 如是, 一切煩惱‧上煩惱斷, 過恒河沙等如來所得, 一切諸法通達, 無碍一切知見, 離一切過惡, 得一切功德, 法王法主而得自在, 登一切法自在之地. 如來‧應‧等正覺正師子吼:"我生已盡, 梵行已立, 所作已辦, 不受後有". 是故, 世尊, 以師子吼, 依於了義, 一向記說.

"世尊, 不受後有智有二種, 謂如來—以無上調御, 降伏四魔, 出一切世間, 爲一切衆生之所瞻仰—, 得不思議法身;於一切爾炎地, 得無碍法自在. 於上更無所作‧無所得地, 十力勇猛,昇於第一無上無畏之地. 一切爾炎, 無碍智觀, 不由於他, '不受後有'智師子吼.

世尊. 阿羅漢·辟支佛, 度生死畏, 次第得解脫, 樂作是念, '我離生死恐怖, 不受生死.'故, 世尊, 阿羅漢·辟支佛觀察時, 得不受後有, 觀第一蘇息, 處涅槃地. 世尊, 彼先所得地, 不愚於法, 不由於他, 亦自知, 得有餘地, 必當得阿耨多羅三藐三菩提. 何以故? 聲聞·緣覺乘, 皆入大乘. 大乘者, 即是佛乘. 是故, 三乘即是一乘. 得一乘者, 得阿耨多羅三藐三菩提. 阿耨多羅三藐三菩提者, 即是涅槃界. 涅槃界者, 即是如來法身. 究竟法身者, 則究竟一乘. 無異如來, 無異法身, 如來即法身. 得究竟法身者, 則究竟一乘. 究竟者, 即是無邊無斷.

世尊, 如來無有限齊時住. 如來·應·等正覺, 後際等住. 如來無限齊, 大悲亦無限齊, 安慰世間無限. 大悲無限. 安慰世間, 作是說者, 是名善說. 如來, 若復說言 '無盡法, 常住法, 一切世間之所歸依'者, 亦名善說. 如來, 是故, 於未度世間·無依世間, 與後際等, 作無盡歸依·常住歸依者, 謂如來·應·等正覺也. 法者, 即是說一乘道. 僧者, 是三乘衆. 此二歸依, 非究竟歸依, 名少分歸依. 何以故? 說一乘道法, 得究竟法身, 於上更無說一乘法身. 三乘衆者, 有恐怖, 歸依如來, 求出修學, 向阿耨多羅三藐三菩提. 是故, 二依非究竟依, 是有限依,

若有衆生, 如來調伏, 歸依如來, 得法津澤, 生信樂心. 歸依法僧, 是二歸依. 非此二歸依, 是歸依如來. 歸依第一義者, 是歸依如來. 此二歸依·第一義, 是究竟歸依如來. 何以故? 無異如來, 無異二歸依, 如來即三歸依. 何以故? 說一乘道. 如來,

四無畏成就, 師子吼說. 若如來隨彼所欲而方便說, 卽是大乘, 無有三乘. 三乘者, 入於一乘. 一乘者, 卽第一義."

無邊聖諦章 第六

"世尊, 聲聞·緣覺, 初觀聖諦, 以一智斷諸住地, 以一智四 一斷·智·功德·作證一, 亦善知此四法義. 世尊, 無有出世間 上上智·四智漸至及四緣漸至. 無漸至法, 是出世間上上智. 世 尊, 金剛喩者, 是第一義智. 世尊, 非聲聞·緣覺不斷無明住地, 初聖諦智, 是第一義智. 世尊, 以無二聖諦智, 斷諸住地. 世尊, 如來·應·等正覺, 非一切聲聞·緣覺境界, 不思議空智, 斷一 切煩惱藏. 世尊, 若壞一切煩惱藏, 究竟智, 是名第一義智. 初 聖諦智, 非究竟智, 向阿耨多羅三藐三菩提智.

世尊, 聖義者, 非一切聲聞·緣覺, 聲聞·緣覺成就有量功 德, 聲聞·緣覺成就少分功德故, 名之爲聖. 聖諦者, 非聲聞· 緣覺諦, 亦非聲聞·緣覺功德. 世尊, 此諦, 如來·應·等正覺 初始覺知；然後, 爲無明殼藏世間, 開現演說, 是故名聖諦."

如來藏 第七

"聖諦者, 說甚深義, 微細難知, 非思量境界. 是, 智者所知, 一切世間所不能信. 何以故? 此, 說甚深如來之藏. 如來藏者,是如來境界, 非一切聲聞·緣覺所知. 如來藏處, 說聖諦義. 如來藏處, 甚深故, 說聖諦, 亦甚深微細難知, 非思量境界. 是, 智者所知, 一切世間所不能信."

法身章 第八

"若於無量煩惱藏所纏如來藏, 不疑惑者, 於出無量煩惱藏法身, 亦無疑惑. 於說如來藏·如來法身·不思議佛境界及方便說, 心得決定者, 此則信解說二聖諦. 如是難知難解者, 謂說二聖諦義.

何等爲說二聖諦義? 爲說作聖諦義·說無作聖諦義. 說作聖諦義者, 是說有量四聖諦. 何以故? 非因他能知一切苦, 斷一切集, 證一切滅, 修一切道. 是故, 世尊, 有有爲生死·無爲生死, 涅槃亦如是, 有餘及無餘. 說無作聖諦義者, 說無量四聖諦義. 何以故? 能以自力, 知一切受苦, 斷一切受集, 證一切受滅, 修一切受滅道. 如是八聖諦, 如來說四聖諦. 如是四無作聖諦義, 唯如來·應·等正覺究竟, 非阿羅漢·辟支佛事究竟. 何以故? 如來·應·等正覺, 於無作四聖諦義事究竟, 以一切如來·應·等正覺, 知一切未來苦, 斷一切煩惱上煩惱所攝受一切集, 滅一切意生身, 除一切苦滅作證.

世尊, 非壞法故, 名爲苦滅. 所言苦滅者, 名無始·無作·無起·無盡·離盡·常住·自性清淨·離一切煩惱藏. 世尊, 過於恒沙·不離·不脫·不異·不思議佛法成就, 說如來法身.

世尊, 如是, 如來法身, 不離煩惱藏, 名如來藏."

空義隱覆眞實章 第九

"世尊, 如來藏智, 是如來空智. 世尊, 如來藏者, 一切阿羅漢・辟支佛・大力菩薩, 本所不見, 本所不得.

世尊, 有二種如來藏空智. 世尊, 空如來藏, 若離若脫, 若異一切煩惱藏. 世尊, 不空如來藏, 過於恒沙・不離・不脫・不異・不思議佛法, 世尊, 此二空智, 諸大聲聞, 能信如來. 一切阿羅漢・辟支佛空智, 於四不顚倒境界轉. 是故, 一切阿羅漢・辟支佛, 本所不見, 本所不得. 一切苦滅, 唯佛得證, 壞一切煩惱藏, 修一切苦滅道."

一諦章 第十

"世尊, 此四聖諦, 三是無常, 一是常. 何以故? 三諦入有爲相. 入有爲相者, 是無常；無常者, 是虛妄法；虛妄法者, 非諦非常非依. 是故, 苦諦・集諦・道諦, 非第一義諦, 非常非依."

一依章 第十一

"一苦滅諦, 離有爲相；離有爲相者, 是常. 常者, 非虛妄法；非虛妄法者, 是諦是常是依. 是故滅諦, 是第一義."

顚倒眞實章 第十二

"不思議是滅諦. 過一切衆生心識所緣, 亦非一切阿羅漢‧辟支佛智慧境界. 譬如生盲不見衆色, 七日嬰兒, 不見日輪. 苦滅諦者, 亦復如是, 非一切凡夫心識所緣, 亦非二乘智慧境界. 凡夫識者, 二見顚倒；一切阿羅漢‧辟支佛智者, 則是淸淨.

邊見者：凡夫, 於五受陰, 我見‧妄想‧計著, 生二見, 是名邊見, 所謂常見斷見. 見諸行無常, 是斷見, 非正見. 見涅槃常, 是常見, 非正見. 妄想見故, 作如是見, 於身諸根, 分別思惟, 現法見壞, 於有相續不見, 起於斷見, 妄想見故. 於心相續, 愚闇不解不知, 刹那間意識境界, 起於常見, 妄想見故, 此妄想見, 於彼義, 若過若不及, 作異相分別, 若斷若常, 顚倒衆生, 於五受陰, 無常常想, 苦有樂想, 無我我想, 不淨淨想. 一切阿羅漢‧辟支佛淨智者, 於一切知境界及如來法身, 本所不見, 或有衆生, 信佛語故, 起常想‧樂想‧我想‧淨想, 非顚倒見, 是名正見.

何以故? 如來法身, 是常波羅蜜‧樂波羅蜜‧我波羅蜜‧淨波羅蜜；於佛法身, 作是見者, 是名正見. 正見者, 是佛眞子, 從佛口生, 從正法生, 從法化生, 得法餘財.

世尊, 淨智者, 一切阿羅漢·辟支佛智波羅蜜. 此淨智者, 雖曰淨智, 於彼滅諦, 尙非境界, 況四依智. 何以故? 三乘初業, 不愚於法, 於彼義, 當覺當得. 爲彼故, 世尊, 說四依. 世尊, 此四依者, 是世間法. 世尊, 一依者, 一切依止·出世間上上第一義依, 所謂滅諦."

自性淸淨章 第十三

"世尊, 生死者, 依如來藏. 以如來藏故, 說本際不可知. 世尊, 有如來藏故, 說生死：是名善說. 世尊, 生死生死者, 諸受根沒, 次第不受根起：是名生死. 世尊, 死生者, 此二法, 是如來藏. 世間言說故, 有死有生. 死者, 謂根壞；生者, 新諸根起.

非如來藏, 有生有死, 如來藏者, 離有爲相. 如來藏, 常住不變, 是故, 如來藏, 是依是持是建立. 世尊, 不離·不斷·不脫·不異不思議佛法. 世尊, 斷·脫·異·外有爲法依止建立者, 是如來藏. 世尊, 若無如來藏者, 不得厭苦樂求涅槃. 何以故? 於此六識及心法智—此七法—刹那不住, 不種衆苦, 不得厭苦樂求涅槃, 世尊, 如來藏者, 非我非衆生非命非人. 如來藏者, 墮身見衆生·顚倒衆生·空亂意衆生, 非其境界.

世尊, 如來藏者, 是法界藏·法身藏·出世間上上藏·自性淸淨藏. 此性, 淸淨如來藏而客塵煩惱上煩惱所染, 不思議如來境界. 何以故? 刹那善心, 非煩惱所染；刹那不善心, 亦非煩惱所染；煩惱不觸心, 心不觸煩惱, 云何不觸法而能得染心? 世尊, 然, 有煩惱, 有煩惱心, 自性淸淨心而有染者, 難可了知. 唯佛世尊, 實眼實智, 爲法根本, 爲通達法, 爲正法依, 如實知見.

勝鬘夫人, 說是難解之法, 問於佛時, 佛卽隨喜："如是如是! 自性, 淸淨心而有染汚, 難可了知；有二法, 難可了知；謂自性淸淨心, 難可了知；彼心爲煩惱所染, 亦難了知. 如此二法, 汝及成就大法菩薩摩訶薩, 乃能聽受；諸餘聲聞, 唯信佛語."

眞子章 第十四

"若我弟子, 隨信增上者, 依明信已, 隨順法智而得究竟. 隨順法智者, 觀察施設根意解境界, 觀察業報, 觀察阿羅漢眼, 觀察心自在樂・禪樂, 觀察阿羅漢・辟支佛・大力菩薩, 聖自在, 通此五種巧便觀成就, 於我滅後未來世中, 我弟子, 隨信增上, 依於明信, 隨順法智, 自性淸淨心, 彼爲煩惱染汚而得究竟. 是究竟者, 入大乘道因, 信如來者, 有是大利益, 不謗深義."

爾時, 勝鬘白佛言："更有餘大利益, 我當承佛威神, 復說斯義."

佛言："更說."

勝鬘白佛言："三種善男子善女人, 於甚深義, 離自毀傷, 生大功德, 入大乘道. 何等爲三? 謂若善男子善女人, 自成就甚深法智. 若善男子善女人, 成就隨順法智. 若善男子善女人, 於諸深法, 不自了知, 仰惟世尊, '非我境界', 唯佛所知, 是名善男子善女人, 仰惟如來. 除此諸善男子善女人已.

勝鬘章 第十五

"諸餘衆生―於諸甚深法, 見著妄說, 違背正法, 習諸外道, 腐敗種子者―, 當以王力及天龍鬼神力而調伏之."

爾時, 勝鬘與諸眷屬, 頂禮佛足, 佛言:"善哉善哉! 勝鬘, 於甚深法, 方便守護, 降伏非法, 善得其義, 汝已親近百千億佛, 能說此義.

爾時, 世尊放光明, 普照大衆, 身昇虛空, 高七多羅樹, 足步虛空, 還舍衛國. 時, 勝鬘夫人, 與諸眷屬, 合掌向佛, 觀無厭足, 目不暫捨, 過眼境已, 踊躍歡喜, 各各稱歎如來功德具足. 念佛還入城中, 向友稱王, 稱歎大乘;城中女人, 七歲已上, 化以大乘. 友稱大王, 亦以大乘, 化諸男子七歲已上, 擧國人民, 皆向大乘.

爾時, 世尊入祇桓林, 告長老阿難, 及念天帝釋, 應時帝釋與諸眷屬, 忽然而至, 住於佛前.

爾時, 世尊, 向天帝釋及長老阿難, 廣說此經說已, 告帝釋言:"汝當受持, 讀誦此經. 憍尸迦, 善男子善女人, 於恒河沙劫, 修菩提行, 行六波羅蜜, 若復善男子善女人, 聽受讀誦, 乃至執持經卷, 福多於彼, 何況廣爲人說! 是故, 憍尸迦, 當讀誦此經, 爲三十三天, 分別廣說."

復告阿難: "汝亦受持讀誦, 爲四衆廣說."

時, 天帝釋白佛言: "世尊, 當何名斯經, 云何奉持?"

佛告帝釋: "此經, 成就無量無邊功德, 一切聲聞緣覺, 不能究竟, 觀察知見. 憍尸迦, 當知此經甚深微妙大功德聚. 今當爲汝略說其名, 諦聽諦聽, 善思念之."

時, 天帝釋及長老阿難白佛言: "善哉, 世尊! 唯然受敎."

佛言: "此經, 歎 '如來眞實第一義功德', 如是受持. 不思議 '大受', 如是受持. 一切願攝 '大願', 如是受持. 說不思議 '攝受正法', 如是受持. 說入 '一乘', 如是受持. 說 '無邊聖諦', 如是受持. 說 '如來藏', 如是受持. 說 '法身', 如是受持. 說 '空義隱覆眞實', 如是受持. 說 '一諦', 如是受持. 說常住安穩 '一依', 如是受持. 說 '顚倒眞實', 如是受持. 說 '自性淸淨' 心隱覆, 如是受持. 說如來 '眞子', 如是受持. 說 '勝鬘夫人師子吼', 如是受持.

復次, 憍尸迦, 此經所說, 斷一切疑, 決定了義, 入一乘道. 憍尸迦, 今以此說, 勝鬘夫人師子吼經, 付囑於汝, 乃至法住, 受持讀誦, 廣分別說.

帝釋白佛言: "善哉善哉, 世尊! 頂受尊敎."

時, 天帝釋·長老阿難及諸大會, 天·人·阿修羅·乾闥婆等, 聞佛所說, 歡喜奉行.

勝鬘師子吼一乘大方便方廣經.

역자 소개

원각경 역자 전해주(全海住)

청도 운문사에서 성관스님을 은사로 득도. 공주 동학사 전문강원 대교과를 졸업한 후 동국대학교 불교대학을 졸업, 동 대학원에서 석사·박사학위를 취득했다. 현재 수미정사에 머물며 동국대학교 불교대학 불교학과 교수로 있다.

저서로는 《화엄의 세계》, 《의상화엄사상사연구》, 《불교여성학 자료집》 논문으로는 <일승법계도와 해인삼매론의 비교연구>, <의상화상발원문연구>, <일연의 화엄사상>, <제경전에 보이는 해인삼매 소고> 외 다수가 있다.

승만경 역자 김호성(金浩星)

동국대학교 불교대학 인도철학과에서 학사, 석사, 박사를 취득했다. 현재 동국대학교 불교대학 교수로 있다. 2002년 일본 붓교(佛敎)대학과 2013년 고치(高知)대학 그리고 2018년 류코쿠(龍谷)대학에서 객원연구원을 지냈다. 2005년부터 '일본불교사독서회'를 만들고 일본불교 공부를 권진하면서, 《일본불교사 공부방》을 발행하고 있다.

저역서로는 《처음 만난 관무량수경》, 《꿈속에서 처음으로 염불춤을 추었다》, 《인도, 인도, 인도》, 《나무아미타불》, 《천수경의 비밀》, 《바가바드기타의 철학적 이해》, 《힌두교와 불교》 등 다수가 있다.

불
교
경
전
❻

원각경 · 승만경

1996년 2월 15일 초판 1쇄 발행
2020년 4월 10일 초판 11쇄 발행

ⓒ역 자 ― 전해주 · 김호성
발행인 ― 윤 재 승
발행처 ― 민 족 사

등록 제1-149호, 1980. 5. 9.
서울 종로구 삼봉로 81 두산위브파빌리온 1131호
전화 (02) 732-2403~4, 팩스 (02) 739-7565
홈페이지 / www.minjoksa.org
E-mail / minjoksabook@naver.com

값 **15,000**원

ISBN 978-89-7009-162-4 04220

● 경전은 부처님의 말씀입니다.
● 경전을 소중히 합시다.